하우영 지음

과학이 쉽고 즐거워지는
천 원으로 시작하는 초등 과학 실험

초판 1쇄 인쇄 2025년 5월 10일
초판 1쇄 발행 2025년 5월 15일

지은이 | 하우영
펴낸이 | 김승기, 김민수
펴낸곳 | ㈜생능출판사 / 주소 경기도 파주시 광인사길 143
브랜드 | 생능북스
출판사 등록일 | 2005년 1월 21일 / 신고번호 제406-2005-000002호
대표전화 | (031) 955-0761 / 팩스 (031) 955-0768
홈페이지 | www.booksr.co.kr

책임편집 | 최동진
편집 | 신성민, 이종무
교정·교열 | 최동진
본문·표지 디자인 | 앤미디어
영업 | 최복락, 심수경, 차종필, 송성환, 최태웅, 김민정
마케팅 | 백수정, 명하나

ISBN 979-11-94630-04-3 (63400)
값 10,800원

- 생능북스는 ㈜생능출판사의 단행본 브랜드입니다.
- 이 책의 저작권은 ㈜생능출판사와 지은이에게 있습니다. 무단 복제 및 전재를 금합니다.
- 잘못된 책은 구입한 서점에서 교환해 드립니다.

머리말

과학이 어렵다고요? 아니에요!
과학은 우리 주변 어디에서나 마법처럼 펼쳐지는
신나는 놀이터예요!

과학 실험을 하려면 매번 특별한 준비물을 찾아야 하는 번거로움이 있었죠. 하지만 이 책은 집(=다이소)에서 쉽게 구할 수 있는 간단한 재료로 부모님과 함께 즐거운 과학 발명 놀이를 할 수 있도록 도와줍니다. 어렵게만 느껴졌던 과학 원리를 직접 실험하며 몸으로 체험하다 보면, 과학이 얼마나 신기하고 재미있는지 자연스럽게 알게 될 거예요.

예를 들어, 바람을 불었더니 페트병이 원하는 방향으로 움직이고, 유리 막대가 마치 사라지는 것처럼 보일 때의 놀라움이나, 빨대를 불어 악기 소리가 나고 종이컵 비행기가 커브볼처럼 날아가는 신기함을 경험할 수 있습니다. 이 모든 것이 마법일까요? 아니면 과학일까요?

책 속에는 단순히 놀이 방법만 소개하는 것이 아니라, 그 속에 숨겨진 과학 원리를 쉽게 설명하는 코너도 마련되어 있습니다. 놀이 과정은 친절한 설명과 그림과 함께 제공되어 누구나 쉽게 따라 할 수 있고, 학교에서 배우는 과학 개념과 연결된 부분도 표시되어 있어 교과서 내용이 우리 생활과 어떻게 연결되는지 자연스럽게 이해할 수 있도록 돕습니다.

또한 단순한 실험을 넘어서 창의력을 키울 수 있는 프로젝트 활동도 추천합니다. 실험 중에 떠오르는 새로운 아이디어를 활용해 자신만의 실험을 해 보고, 이를 바탕으로 발명품을 만들어 보는 것도 흥미로울 것입니다.

과학은 멀리 있는 것이 아니라 우리가 숨을 쉬고, 소리를 듣고, 빛을 보고, 전기를 사용하는 모든 순간에 함께합니다. 이 책을 통해 여러분이 세상을 새로운 시각으로 바라보고, 과학의 원리를 직접 경험하며 더욱 호기심 많은 작은 과학자로 성장하기를 바랍니다.

자, 이제 EBS 하우쌤과 함께 신기한 과학 발명 실험의 세계로 떠나볼 준비되셨나요? 새로운 발견과 즐거움이 기다리고 있습니다!

이 책을 보는 방법

이 책은 집에서(or 다이소에서) 간단한 재료들을 이용해 과학 실험을 해 보고, 실험을 통해 과학의 원리를 직접 경험할 수 있게 집필되었습니다. 차근차근 쉽게 따라할 수 있도록 각 작업에 대한 내용을 빠짐없이 설명하고 있으며, 상황에 따라 어떨 때 사용하면 좋은지도 구분했습니다.

실험 제목
각 실험에서 학습할 제목과 배울 내용을 설명하였습니다.

영상으로 복습해요
각 실험에 대한 좀 더 자세한 영상은 스마트폰에서 QR코드를 인식해서 내용을 확인할 수 있습니다.

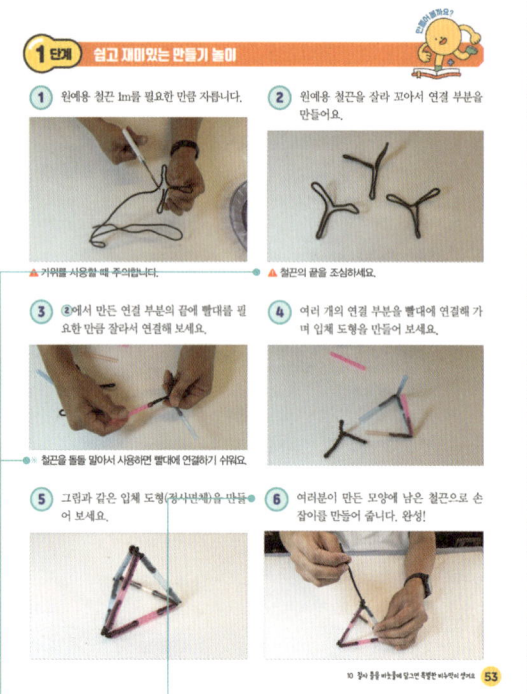

학습 목표
어떤 내용으로 실험이 진행되는지 간단하게 소개합니다.

교과 연계
실험 놀이가 학교에서 배우는 '내용 요소'와 어떻게 관련이 있는지 알려 줍니다.

따라하기
예제를 직접 활용하여 익히는 과정으로, 따라하기 형식을 바탕으로 구성했습니다.

주의/참고 사항
실험을 할 때 주의사항을 잘 읽어보면서 안전하게 실험을 하면 좋겠습니다.

● **프로젝트 활동**
앞에서 실험한 과정을 응용하여 직접 생각하고 창의력을 키울 수 있도록 도와 줍니다.

● **과학 실험 놀이**
1단계까지 완료한 실험 놀이 도구로 더 재밌는 실험을 할 수 있는 방법을 소개합니다.

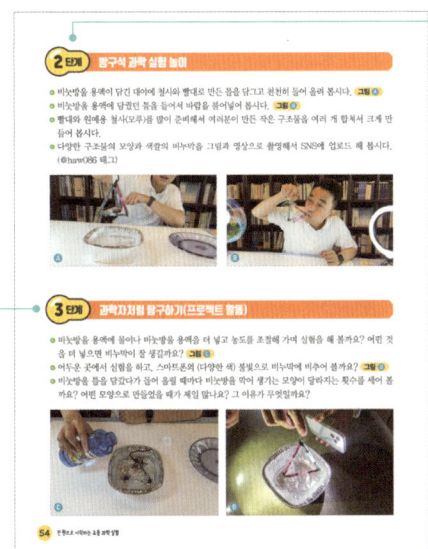

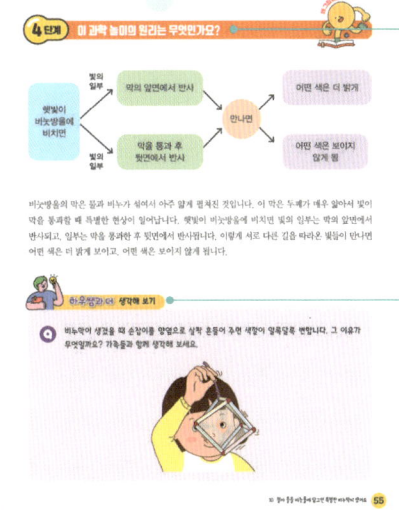

● **과학 놀이의 원리**
단순한 실험 놀이 방법을 알려 주는 것뿐만 아니라, 과학의 원리를 도식화(도형)로 쉽게 설명해 주고 있습니다.

● **더 생각해 보기**
실험을 하면서 떠오르는 새로운 아이디어를 활용해 보고, 일상 생활에서는 어떻게 연결되는지 알 수 있을 겁니다.

⚠ 실험하기 전에 꼭 읽어 보세요!

부모님과 함께 읽고 안전하게 실험해요!
과학 실험은 신나고 재미있지만 안전이 가장 중요해요! 실험을 시작하기 전에 아래 주의 사항을 꼭 읽고 부모님과 함께 안전하게 실험을 진행하세요. 안전하게 실험하고, 즐겁게 과학 놀이를 해 봅시다!

☑ **도구를 사용할 때 조심해요!**
가위, 송곳, 철사 등 날카로운 도구를 사용할 때는 다치지 않도록 주의하세요. 어려운 도구는 반드시 어른과 함께 사용하세요.

☑ **전기와 관련된 실험은 더욱 신중하게!**
풍선과 전기, 동전 배터리 등 전기와 관련된 실험을 할 때는 반드시 어른과 함께 하세요. 전자기기나 콘센트 근처에서는 실험하지 않도록 주의하세요. 감전이나 고장이 날 수 있어요.

☑ **물과 액체를 사용할 때는 깔끔하게!**
비눗방울, 주스, 물을 이용한 실험을 할 때는 바닥이 미끄러워지지 않도록 싱크대나 테이블 위에서 하세요. 신문지나 접시를 깔아 두면 더 좋아요.

☑ **먹을 수 없는 실험이에요!**
실험 후에는 실험한 재료를 함부로 먹지 마세요!

☑ **실험 후에는 깨끗이 정리해요!**
실험이 끝나면 사용한 재료와 도구를 깨끗이 정리하고 손을 씻어요. 실험 후 뒷정리까지 잘해야 진짜 멋진 어린이 과학자·발명가가 될 수 있어요!

실험 재료 리스트

재료명	개수	실험	가격	SET
분류용 화살표 라벨 15매입	1장(일부)	01	1,000원	
점보 지우개 10개입	6개(일부)	01	1,000원	
동원 해바라기유 500ml	일부	02	3,000원	
클리어 사각 유리 화분(소)	1개	02	1,000원	
클리어 내열 유리 빨대 세트(빨대 3개+빨대솔 1개입)	1개	02	2,000원	
여행용 펌프 용기&원터치 용기 세트 80ml 2P	1개	02	1,000원	
키친호일 30cm×20m	일부	03, 07, 15	3,000원	
3M 스카치 다용도 테이프 디스펜서 12mm×21m	일부	03, 04, 07, 11, 13	1,000원	
컬러 푸시핀 100개입	1개	03, 18	1,000원	
두꺼운 도화지 8절 10매입	1장	04, 08	1,000원	
매직 컬러 용지 25매입(분홍색)	1장(일부)	04, 20	1,000원	
면 뜨개실 35g(색깔 상관 없음)	1개(일부)	05, 06, 08	1,000원	
실버클립 33mm 100개입	2개(일부)	05	1,000원	
스테인리스 넓은 집게 28cm	1개	06	2,000원	
필기가능 마스킹 테이프 15mm×15m	일부	07, 19	1,000원	
네일 우드 파일(4P)	1개(일부)	08	1,000원	
전기 절연 테이프 19mm×10m 2P	일부	08	1,000원	
매직 펠트지 6매입(검은색)	1장(일부)	09	1,000원	
컬러 주름 빨대 150개입	2개(일부)	09, 11, 14, 17	1,000원	
고무줄 70mm×5mm	1개(일부)	08, 09	1,000원	
오웰 니트릴 장갑 L 10매입	1개	09, 15	1,000원	
휴대용 일공 펀치	1개	09	1,000원	
원예용 철끈 3.5mm×8m	2개(일부)	10	1,000원	
비비드 컬러 일자형 빨대 80P	16개(일부)	10, 11	1,000원	

재료명	개수	실험	가격	SET
비눗방울 리필 용액 500ml	일부	10, 11	1,000원	
아이시스 8.0 500ml	1개	09, 11, 12, 18	500원	4개
리빙 뽑아쓰는 키친타올 150매입	1장(일부)	12	1,000원	
고무줄 70×1.4mm 110개입	1개(일부)	08, 12, 19	1,000원	
몽글몽글 거품비누 포도향 리필형	일부	12	2,000원	
무광 파티 커튼 1×2m	일부	13	2,000원	
투명 PET컵 약 360ml 10개입	1개(일부)	13	1,000원	
크린백 25×35cm 100매입	1장	13	2,000원	
일반 혼합 풍선 30cm 8개입	1개	13	1,000원	
지점토	1개	05, 14, 16	500원	
미피 캐릭터 종이컵 210ml 25개입	1개(일부)	19	1,000원	
3M 스카치 매직 테이프 12mm×8m	일부	14	1,000원	
라인무늬 클리어 접시 23cm	1개	12, 16	2,000원	
철못 4종 세트	2개(일부)	16	2,000원	
네볼루션 망간 건전지 6F22 9V	1개	16	1,000원	
나무젓가락 60개입	3개(일부)	17	1,000원	
미니 글루건	1대	17, 18	3,000원	
글루건 심 7mm	일부	17, 18	1,000원	
원뿔 주름 분무기 470 ml	1개	18	1,000원	
미피 캐릭터 종이컵 360ml 10개입	2개(일부)	19	1,000원	
다용도 박스 15×15×4 cm 3매입	5매	20	1,000원	2set
투명 OPP 박스 테이프 48mm×70m	1개(일부)	20	1,000원	
천사포 #80	1장	20	1,000원	
천사포 #40	1장	20	1,000원	

차 례

1장 : 간단한 재료로 맛보기 놀이를 해 볼까요?

- 01 페트병 사이로 바람을 불었더니 페트병이 움직여요 — 12
- 02 유리 막대를 넣었더니 유리 막대가 사라져요 — 16
- 03 양쪽 눈에 들어오는 빛을 조절하니 구멍이 작아져요 — 20
- 04 바닥을 다른 세기로 흔들어 보니 다른 링이 진동해요 — 24
- 05 하나의 추를 밀었더니 2개의 추가 같이 흔들려요 — 28

2장 : 소리와 관련된 놀이를 해 볼까요?

- 06 스테인리스 집게를 주변에 부딪혀 보니 신기한 소리가 들려요 — 34
- 07 휴지곽을 흔들어 보니 비 오는 소리가 들려요 — 38
- 08 원을 그리며 끈을 돌려 보니 벌떼 소리가 들려요 — 42
- 09 빨대에 바람을 불어넣었더니 악기 소리가 나요 — 46

3장 : 비눗방울과 관련된 놀이를 해 볼까요?

- 10 철사 틀을 비눗물에 담그면 특별한 비누막이 생겨요 — 52
- 11 빨대 조각들을 비눗물에 담그면 비눗방울 스틱이 돼요 — 56
- 12 물감으로 그린 키친타올 그림이 예쁜 비누거품이 돼요 — 60

4장 : 전기와 관련된 놀이를 해 볼까요?

- ⑬ 풍선을 가까이 가져가니 비닐 고리가 공중에 떠요 — 66
- ⑭ 테이프를 빨대에 붙였더니 나만의 검전기가 되었어요 — 70
- ⑮ 동전을 차곡차곡 쌓으니 동전 배터리가 되었어요 — 74
- ⑯ 물에 전기를 흘려보내니 멋진 컬러쇼가 펼쳐져요 — 78

5장 : 가족, 친구들과 함께하는 놀이를 해 볼까요?

- ⑰ 나무젓가락 손잡이를 힘껏 돌려 보니 스프링클러가 돼요 — 84
- ⑱ 빈 페트병과 분무기를 연결하니 물총이 되었어요 — 88
- ⑲ 종이컵 비행기를 고무줄로 튕기니 커브볼처럼 날아가요 — 92
- ⑳ 다양한 재료가 붙여진 종이 박스로 젠가 놀이를 해 보세요 — 96

1장

간단한 재료로 맞보기 놀이를 해 볼까요?

01 페트병 사이로 바람을 불었더니 페트병이 움직여요
02 유리 막대를 넣었더니 유리 막대가 사라져요
03 양쪽 눈에 들어오는 빛을 조절하니 구멍이 작아져요
04 바닥을 다른 세기로 흔들어 보니 다른 링이 진동해요
05 하나의 추를 밀었더니 2개의 추가 같이 흔들려요

01 페트병 사이로 바람을 불었더니 페트병이 움직여요

영상으로 복습해요

학습 목표
페트병을 이용한 실험을 해 본 적이 있나요? 빈 페트병 3개와 여러분의 입에서 나오는 바람만으로 신기한 움직임을 만들어 볼 거예요. 아주 작은 차이에 따라 페트병들이 서로 멀어지기도 하고 가까워지기도 한답니다. 왜 이런 일이 일어나는지 함께 알아보면서 과학의 재미를 느껴보세요.

교과 연계
- 초등학교 3~4학년(기체의 무게, 지구의 대기)
- 초등학교 5~6학년(고기압과 저기압)
- 중학교(기체의 압력)

작업 소요 시간 10분
난이도 ★★★★★

준비물

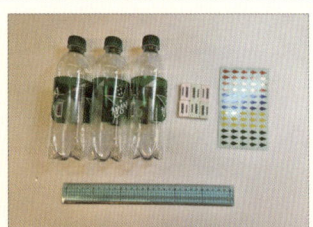

- 지우개 6개
- 화살표 라벨 1장

▶ 기본 도구: 자, 페트병(3개, 둥근 모서리, 500ml)

1단계 쉽고 재미있는 만들기 놀이

① 지우개 2개를 7cm 정도 간격으로 평행하게 책상 위에 올려 둡니다.

② 1개의 페트병에 화살표 라벨 스티커를 한쪽 방향으로 원하는 만큼 붙이세요.

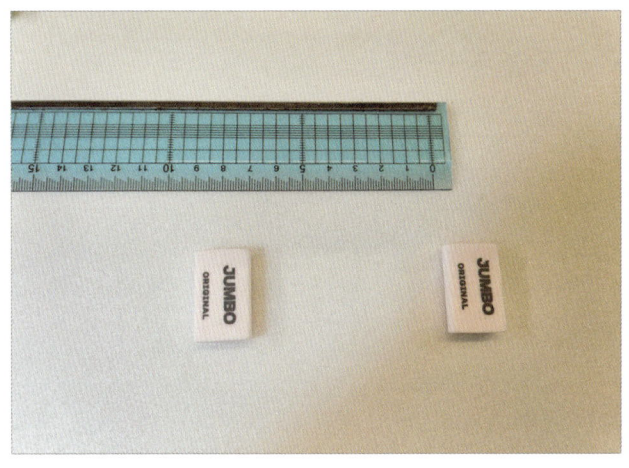

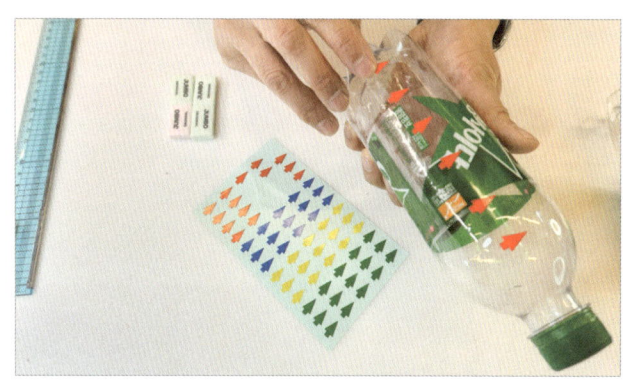

※ 화살표 방향이 페트병을 바닥으로 세웠을 때 수평 방향으로 향하게 합니다.

③ 나머지 2개의 페트병에도 화살표 라벨을 ②와 같은 방향으로 원하는 만큼 붙이세요.

④ 그림과 같이 페트병을 세웠을 때 한쪽 방향으로 화살표 라벨지를 붙였는지 확인합니다.

※ 화살표 라벨은 '페트병이 굴러가는 방향'을 표시해 줍니다.

⑤ 페트병 1개를 '①의 지우개 2개' 위에 가지런히 올려 놓습니다.

⑥ 그림과 같이 남은 지우개 4개를 놓은 후에 페트병 3개를 삼각형 모양으로 놓습니다.

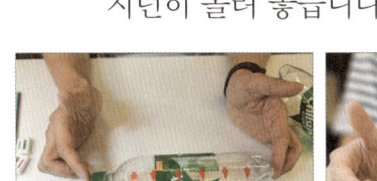 

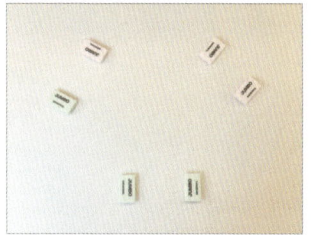 

※ 페트병이 잘 올려지지 않으면, 지우개 개수를 조절하거나 연필을 사용할 수 있습니다.

※ 페트병 사이를 떨어뜨려 놓으면 페트병의 움직임(모이는지? 멀어지는지?)을 더 잘 살펴볼 수 있습니다.

01 페트병 사이로 바람을 불었더니 페트병이 움직여요

2단계 방구석 과학 실험 놀이

- 지우개 위에 서로 떨어져 있는 페트병들을 손을 대지 않고 붙게 만드는 방법을 생각해 봅시다.
- 입으로 페트병 주위에 여러 방향으로 바람을 불어가며 3개의 페트병을 서로 붙게 만들어 봅시다. 그림 A
- 페트병 아래에 지우개를 없앤 후에 똑같은 방법으로 바람을 불어 볼까요? 그림 B
- 엄마, 아빠와 함께 슬로우 모션 영상으로 만들어 SNS에 업로드 해 봅시다.(@haw086 태그)

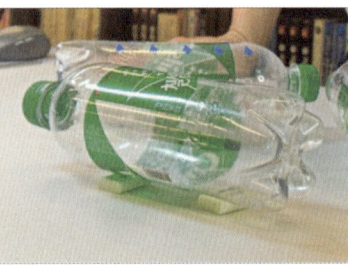
▼ 페트병 아래에 지우개가 있음
A

▼ 페트병 아래에 지우개가 없음
B

3단계 과학자처럼 탐구하기(프로젝트 활동)

- 페트병 아래에 놓는 '지우개의 개수'를 조절해 가며 바람을 불어 볼까요? 그림 C
- 입으로 바람을 부는 각도를 다르게 해 볼까요? (페트병 바로 위에서 불기, 페트병 옆에서 불기 등) 그림 D
- 페트병 개수를 다르게 해서 바람을 불어 볼까요? 그림 E

C

D

E

4단계 이 과학 놀이의 원리는 무엇인가요?

페트병 사이로 바람을 불면

페트병 위에서 페트병 사이로 바람을 불면 지우개 때문에 공기가 페트병 아래로 빠져나갈 수 있습니다. 공기는 페트병 사이를 지나가며 아래를 통과해서 빠져나가며 속도를 높입니다. 공기가 빨라지면 압력이 낮아집니다(베르누이의 원리). 페트병 사이의 압력이 주위와 비교했을 때 낮기 때문에 페트병들은 한 곳으로 만나게 됩니다. 지우개가 없이 책상 위에 올려진 페트병 사이로 바람을 불어 넣으면 공기가 페트병 사이에 갇히고, 페트병 사이의 압력이 높아집니다. 그래서 페트병들은 서로 멀어집니다.

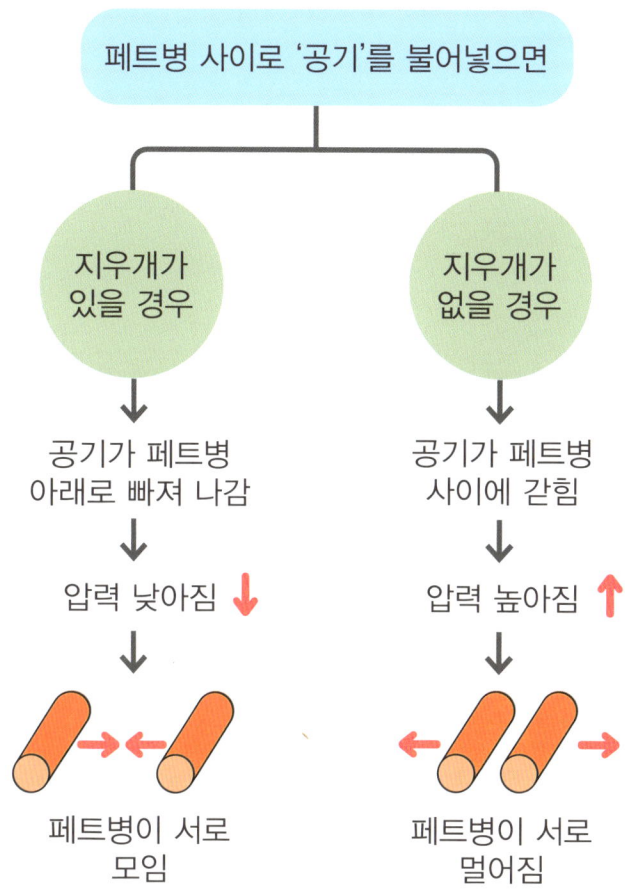

 하우쌤과 더 생각해 보기

Q. A4 용지를 두 손으로 잡고 위쪽으로 바람을 세게 불면, A4 용지가 순간적으로 위로 뜹니다. 왜 그럴까요? 가족과 함께 생각해 보세요.

02 유리 막대를 넣었더니 유리 막대가 사라져요

영상으로 복습해요

학습 목표
유리로 만들어진 다양한 물체를 관찰해 보세요. 투명하고 반짝이는 물체를 사용하여 식용유를 이용해 유리 막대를 병 속에서 사라지게 해 볼까요? 유리 막대는 빛을 반사하고 굴절시키기 때문에 눈에 보이는 것입니다. 유리 막대와 특별한 액체를 이용해 눈앞에서 유리 막대를 사라지게 하는 실험을 직접 해 보세요.

교과 연계
- 초등학교 5~6학년(빛의 굴절, 빛의 직진)
- 중학교(반사와 굴절)

작업 소요 시간 10분
난이도 ★★★★★

준비물

- 해바라기유 1통
- 사각 유리 화분(소) 1개
- 내열 유리 막대 3개
- 여행용 플라스틱 용기 1개

▶ 기본 도구: 시험관(과학실에서 쓰는) 또는 시험관과 비슷한 생활 속 물건

1단계 쉽고 재미있는 만들기 놀이

① 사각 유리 화분에 해바라기유를 3/4만큼 채웁니다.

② 유리 막대를 사각 유리 화분에 넣어서, 여러 각도에서 관찰합니다.

③ 남은 유리 막대 2개를 사각 유리 화분에 넣어서, 여러 각도에서 관찰합니다.

④ 플라스틱 용기를 사각 유리 화분에 넣어서, 여러 각도에서 관찰합니다.

⑤ 플라스틱 용기에 해바라기유를 채울 때 그 변화를 살펴봅니다.

⑥ 생활 속의 각종 플라스틱으로 된 물건들에 해바라기유를 넣고 그 변화를 살펴봅니다.

2단계 방구석 과학 실험 놀이

- 해바라기유를 담아둔 사각 유리 화분에 유리병, 돋보기, 구슬, 거울과 같이 '렌즈와 거울'의 원리가 적용된 생활 속의 물건들을 넣어 봅시다. 그림 A 그림 B

3단계 과학자처럼 탐구하기(프로젝트 활동)

- 해바라기유 외에 올리브유, 포도씨유, 카놀라유, 물 등 다양한 액체를 넣어 가며 변화를 살펴볼까요? 그림 C
- 해바라기유 대신에 메이플 시럽을 사용해 볼까요? 그리고 메이플 시럽에 물을 더해가면서 실험했을 때 그 변화를 살펴봅시다. 그림 D

4단계 이 과학 놀이의 원리는 무엇인가요?

물질마다 빛을 얼마나 느리게 만드는지 나타내는 수치가 있습니다(굴절률). 굴절률이 높을수록 빛의 속도는 그 물질 안에서 더 느려지고, 빛의 방향 변화는 더 큽니다. 굴절률이 같은 두 물질을 함께 사용할 때 빛이 물질 사이의 경계에서 굴절하거나 반사되지 않아 한 물질이 다른 물질 속에서 "사라지게" 보입니다.

하우쌤과 더 생각해 보기

Q 유리컵에 물을 넣고 동전을 아래에 놓아 봅시다. 컵 위에서 동전을 잡기 위해 손을 물속에 넣어 보면 동전을 잡기가 어렵습니다. 왜 그럴까요? 가족들과 함께 이야기해 보세요.

03 양쪽 눈에 들어오는 빛을 조절하니 구멍이 작아져요

영상으로 복습해요

학습 목표
만약 한쪽 눈에 들어오는 빛이 다른 쪽 눈이 보는 것을 바꿀 수 있다면 어떻게 될까요? 이번 시간에는 여러분의 뇌가 구멍의 크기를 조절하는 신기한 현상을 체험해 볼 거예요. 준비물은 간단해요. 몇 가지 준비물과 우리의 손만 있으면 충분해요. 시각을 담당하는 우리 몸의 독특한 특징을 이용해 구멍의 크기 변화를 경험해 보세요.

교과 연계
- 초등학교 3~4학년, 5~6학년(자연과 일상생활에서 생명 현상 관련 문제 인식하기)
- 중학교(감각기관의 구조와 기능)

작업 소요 시간 20분
난이도 ★★★★★

준비물

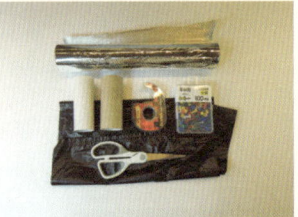

- 스카치 테이프(일부)
- 푸시핀 1개
- 키친호일(일부)

▶ 기본 도구: 검정 비닐 봉투(1장), 두루마리 휴지곽(2개), 가위

1단계 쉽고 재미있는 만들기 놀이

① 두루마리 휴지곽 전체를 검정 비닐 봉투로 감싸고 스카치 테이프로 고정합니다.

② '①에서 만든 휴지곽'의 한쪽 끝을 키친호일로 완전히 덮고 스카치 테이프로 고정합니다.

※ 빈틈이 없게, 호일로 단단히 덮도록 합니다.

③ 키친호일의 한가운데에 푸시핀으로 작은 구멍을 뚫습니다.

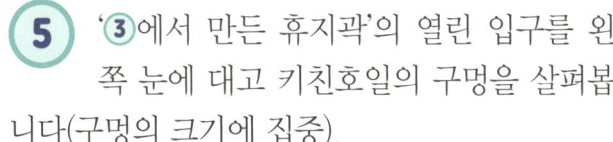

⚠ 푸시핀을 사용할 때 안전에 주의합니다.
⚠ 푸시핀을 비스듬하게 꽂으면 찢어질 수도 있으므로 주의합니다.

④ 오른쪽 눈을 감거나 오른손으로 오른쪽 눈을 가립니다.

⑤ '③에서 만든 휴지곽'의 열린 입구를 왼쪽 눈에 대고 키친호일의 구멍을 살펴봅니다(구멍의 크기에 집중).

⑥ 오른쪽 눈을 뜨거나, 오른쪽 눈을 가렸던 손을 치워봅시다. 구멍의 크기는 어떻게 되나요?

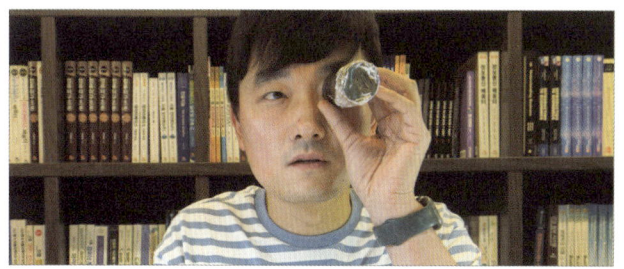

03 양쪽 눈에 들어오는 빛을 조절하니 구멍이 작아져요

2단계 방구석 과학 실험 놀이

- 이번에는 반대쪽 눈으로 실험해 봅시다. 그림 A
- 빛의 세기를 조절할 수 있는 스탠드나 스마트폰 손전등을 활용해서 주변의 밝기를 조절해 가며 실험해 봅시다. 그림 B
- 눈으로 보이는 장면(구멍의 크기)을 도화지에 그림으로 그려 비교해 봅시다.

3단계 과학자처럼 탐구하기(프로젝트 활동)

- 두루마리 휴지곽의 개수를 늘려서 원기둥의 길이를 조절했을 때 실험 결과는 달라지나요? 그림 C
- 키친호일의 구멍의 크기를 조절했을 때 실험 결과는 달라지나요? 그림 D

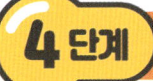 

4단계 이 과학 놀이의 원리는 무엇인가요?

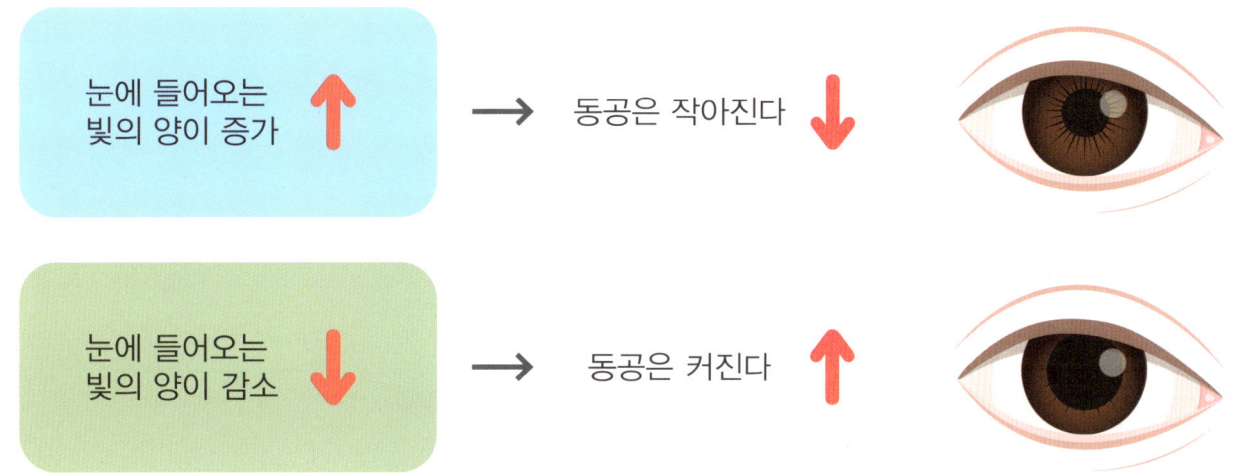

동공은 눈 안의 빛의 양을 조절하는 작은 구멍입니다. 눈에 들어오는 빛의 양이 증가하면 동공은 자동으로 작아지고, 빛의 양이 줄어들면 동공은 커집니다. 이 반응은 우리가 의식하지 않고도 자동으로 일어나는 자연스러운 반응입니다. 한쪽 눈에만 빛이 더 들어오더라도 두 눈의 동공은 함께 반응하여 동시에 크기가 조절됩니다.

 하우쌤과 더 생각해 보기

Q 우리 눈과 비슷한 구조를 가진 물건으로 카메라가 있습니다. 우리 눈과 카메라는 어떤 점이 비슷할까요?

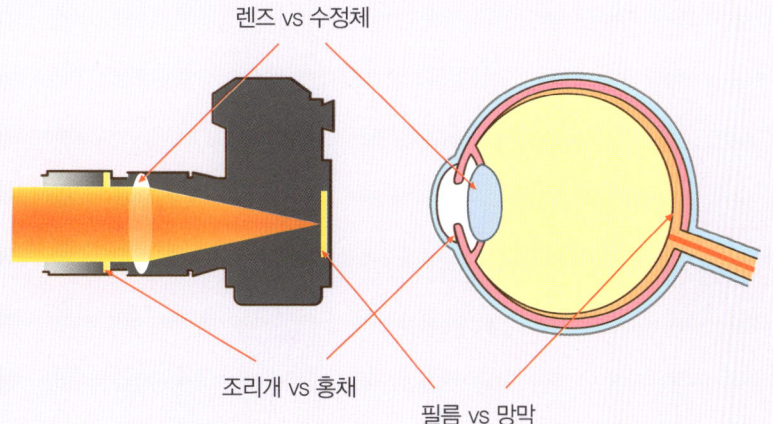

04 바닥을 다른 세기로 흔들어 보니 다른 링이 진동해요

영상으로 복습해요

학습 목표 다양한 크기와 강도의 건물들이 지진에 어떻게 반응하는지 생각해 본 적이 있나요? 이번 시간에는 링을 이용해 건물들이 지진에 어떻게 반응하는지 체험해 볼 거예요. 링을 통해 지진이 건물에 미치는 영향을 재미있게 알아보세요.

교과 연계
- 초등학교 3~4학년(소리의 세기, 소리의 높낮이, 지진 대처 방법)
- 중학교(지진대와 화산대)

작업 소요 시간 30분
난이도 ★★★☆☆

준비물

- 두꺼운 도화지 1장
- 컬러 용지 1장
- 스카치 테이프(일부)

▶ 기본 도구: 가위, 자, 연필

1 단계   쉽고 재미있는 만들기 놀이

① 컬러 용지 한 장을 그림과 같이 세로로 세 번 접습니다.

② 컬러 용지의 접은 선을 따라 가위로 자릅니다. 그러면 너비가 약 2.5cm의 8개 띠가 만들어집니다.

◀ 접은 면을 따라 자와 연필로 선을 그어두면 다음 단계에서 자르기 쉽습니다.

③ 컬러 용지 띠의 세로 길이가 각각 30cm (29.7cm), 26cm, 22cm, 18cm, 14cm, 10cm가 되게 자릅니다.

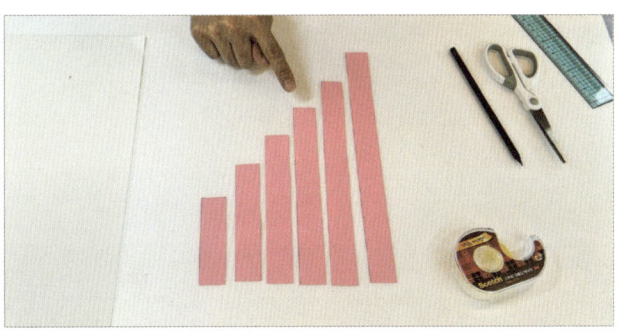

④ 두꺼운 도화지를 그림과 같이 절반만큼 세로로 자릅니다.

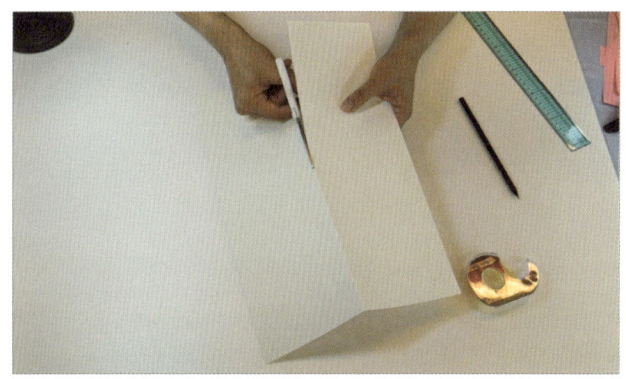

⑤ 그림과 같이 컬러 용지 띠들을 길이에 따라 두꺼운 도화지(1/2장) 위에 테이프로 붙입니다.

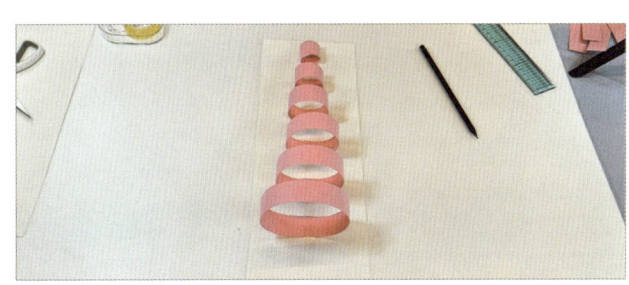

⑥ 두꺼운 도화지를 양옆으로 흔들어 보세요. 완성!!

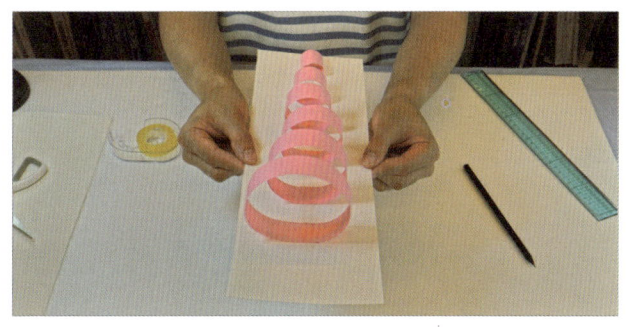

2단계 방구석 과학 실험 놀이

- 아주 약한 세기로 진동시키다가 흔들리는 강도를 천천히 높여 봅시다.
- 컬러 용지 띠를 잘라서 원래의 제일 작은 링보다 더 작은 링을 만들면 어떻게 되나요?

그림 A 그림 B

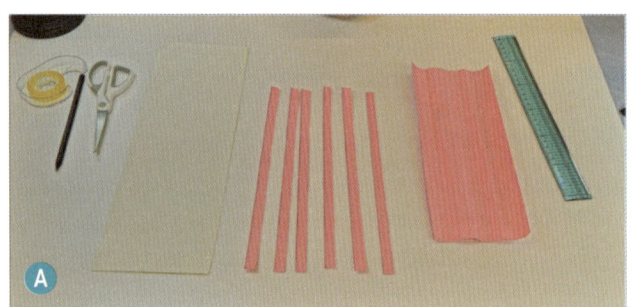 

3단계 과학자처럼 탐구하기(프로젝트 활동)

- 컬러 용지 띠 2개를 연결해 더 큰 링을 만들거나, 컬러 용지 띠를 잘라서 원래의 제일 작은 링보다 더 작은 링을 만들면 어떻게 되나요? 그림 C
- 여러 개의 링 중에서 한 가지만 정하고, 두꺼운 도화지를 잘 흔들어서 선택한 링만 많이 흔들리게 만들어 봅시다. 그림 D
- 컬러 용지 띠를 여러 가지 모양으로 만들어서 진동시켜 볼까요? 그림 E
- 두꺼운 도화지 아래에 골판지를 두고 진동시켜 볼까요? 어떤 차이가 있나요? 그림 F

  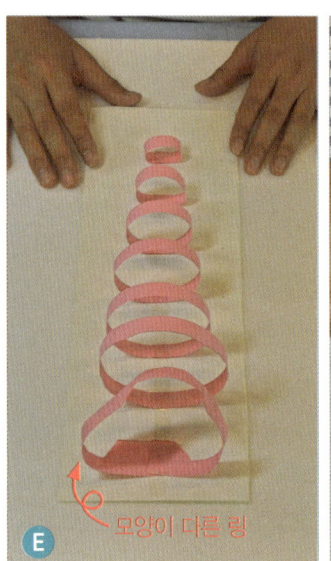 

4단계 이 과학 놀이의 원리는 무엇인가요?

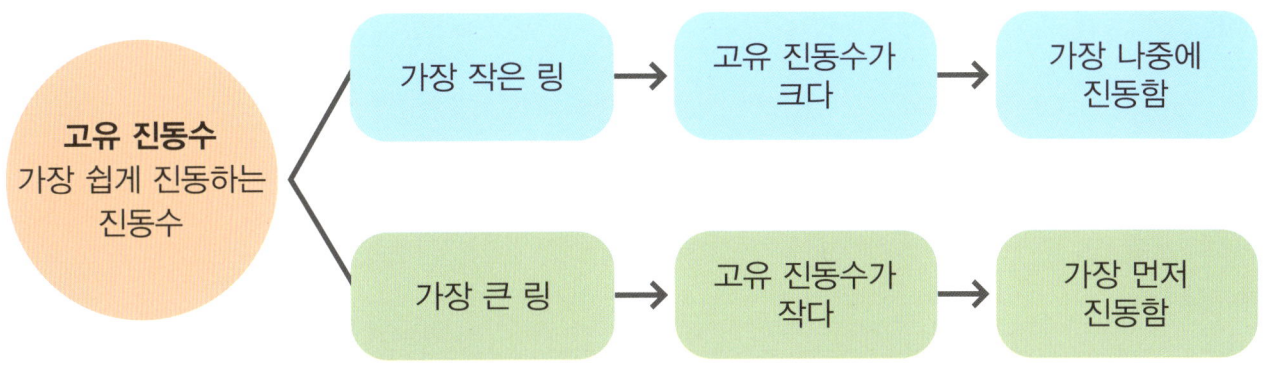

모든 물체는 가장 쉽게 진동하는 진동수를 갖습니다(고유 진동수). 가장 작은 링은 고유 진동수가 가장 크고, 가장 큰 링은 고유 진동수가 가장 작습니다. 여러분이 흔드는 진동에 따라 반응하는 링이 다른 이유입니다.

하우쌤과 더 생각해 보기

Q 지진이 일어났을 때 각 건물들의 반응이 제각각입니다. 왜 그럴까요? 가족들과 함께 생각해 보세요.

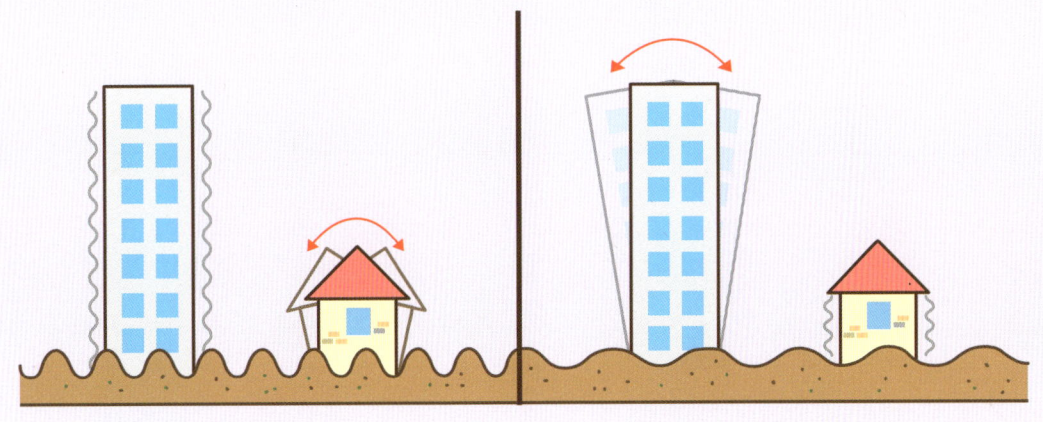

05 하나의 추를 밀었더니 2개의 추가 같이 흔들려요

영상으로 복습해요

학습 목표
시계의 추를 본 적이 있나요? 추는 항상 일정한 주기로 움직입니다. 그런데 같은 곳에 연결된 2개의 추가 있다면, 서로의 움직임에 영향을 미칠 수 있을까요? 이번 시간에는 2개의 지점토 추가 동일한 주기로 흔들리도록 해보겠습니다. 2개의 지점토 추가 서로의 움직임을 주고받으며 비슷한 동작을 하게 되는 과정을 관찰해 보세요.

교과 연계
- 초등학교 3~4학년(소리의 높낮이, 소리의 전달)
- 중학교(역학적 에너지 보존, 파동의 발생과 전달)

작업 소요 시간 20분
난이도 ★★★★★

준비물

- 면 뜨개실 1개
- 클립 2개
- 지점토 1개

▶ 기본 도구: 빈 페트병 1.5L 또는 2.0L(2개), 가위, 자

28 천 원으로 시작하는 초등 과학 실험

1단계 쉽고 재미있는 만들기 놀이

① 빈 페트병에 물을 가득 채워서 2개의 튼튼한 기둥을 만듭니다.

② 면 뜨개실을 1m 정도 가위로 잘라 준비합니다.

③ 책상 위에 ①의 페트병 기둥 2개 사이의 간격이 30cm 정도 되게 놓습니다.

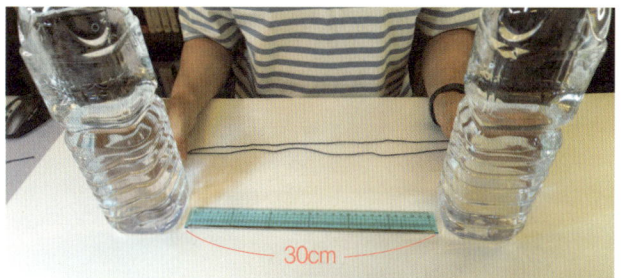

④ 페트병 기둥의 양쪽 뚜껑 부분에 ②의 면 뜨개실을 묶어서 연결합니다.

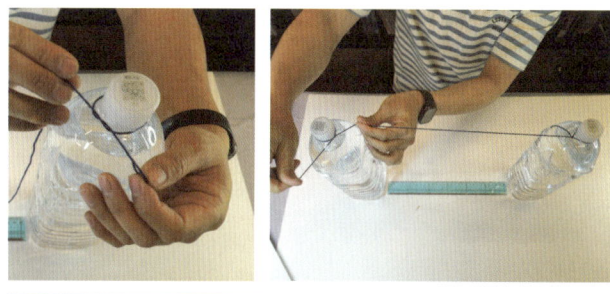

⑤ 25cm 길이 뜨개실 2개를 준비하여 각각 끝에 클립을 묶고, 각 클립에 비슷한 양의 지점토로 그림과 같이 추를 만듭니다.

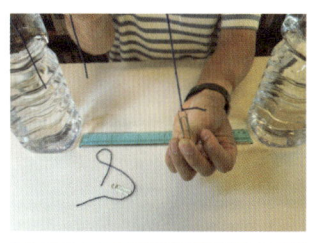 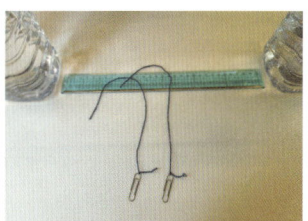

※ 실의 길이를 같게 합니다.

⑥ 2개의 지점토 추가 매달린 뜨개실을 10cm 간격을 두고 ④의 뜨개실에 묶습니다.

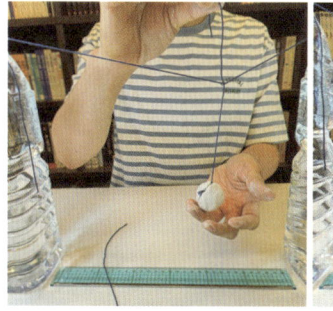 

05 하나의 추를 밀었더니 2개의 추가 같이 흔들려요

2단계 : 방구석 과학 실험 놀이

- 한쪽 실 끝의 지점토 추를 여러분 쪽으로 당겼다가 놓아줍니다. 그림 A
- 실 끝의 지점토 추를 서로 반대쪽으로 당겼다가 놓아줍니다. 그림 B

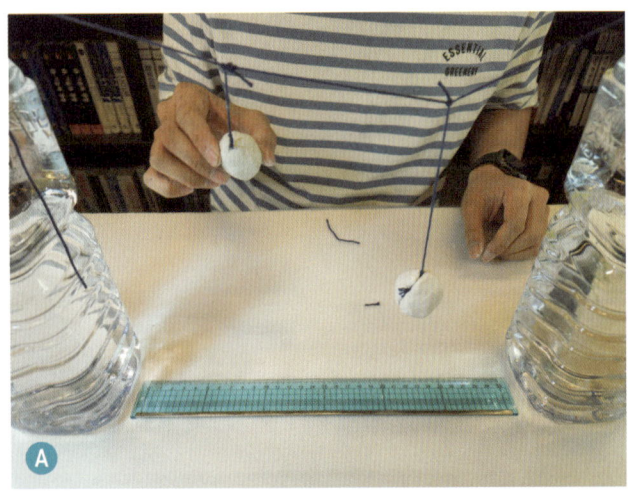 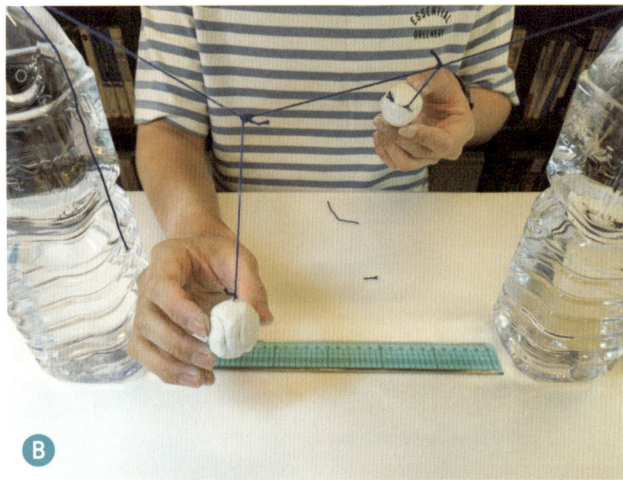

3단계 : 과학자처럼 탐구하기(프로젝트 활동)

- 실 끝의 지점토 추를 당겼다가 놓아주는 높이를 다르게 해 볼까요?
- 양쪽 클립에 매달린 지점토 추의 무게를 다르게 해 볼까요? 그림 C
- 실의 길이를 더 길게 하거나 짧게 해 볼까요? 그림 D

4단계 이 과학 놀이의 원리는 무엇인가요?

| 첫 번째 지점토 추(진자)를 진동 | → | 두 개의 페트병 기둥에 연결된 실이 같은 진동수를 만들어 냄 | → | 두 번째 지점토 추(진자)가 같은 리듬으로 진동 |

진자는 반복해서 진동을 하는 물체로 보통 실에 매달려 흔들립니다. 물체마다 실의 길이에 따라 고유의 진동하는 리듬(주기)을 갖고 있습니다. 첫 번째 지점토 추(진자)를 진동시키면, 연결된 뜨개실이 같은 진동수로 두 번째 지점토 추(진자)도 움직이게 만듭니다. 결국 첫 번째 지점토 추(진자)가 진동하면서 같은 리듬으로 두 번째 지점토 추(진자)도 움직입니다.

하우쌤과 더 생각해 보기

Q 그네를 탈 때 한 번 밀어주거나 발을 구르고 나면, 일정한 리듬으로 왔다 갔다 합니다. 왜 그럴까요? 가족과 함께 생각해 봅시다.

◆ 일반적인 놀이공원이나 운동장에서 사용하는 그네는 안전성이 고려되어 만들어져서, 한쪽 그네를 타더라도 다른 그네에 눈에 띄는 운동이 발생하지 않도록 되어 있습니다.

2장

소리와 관련된 놀이를 해 볼까요?

06 스테인리스 집게를 주변에 부딪혀 보니 신기한 소리가 들려요
07 휴지곽을 흔들어 보니 비 오는 소리가 들려요
08 원을 그리며 끈을 돌려 보니 벌떼 소리가 들려요
09 빨대에 바람을 불어넣었더니 악기 소리가 나요

06 스테인리스 집게를 주변에 부딪혀 보니 신기한 소리가 들려요

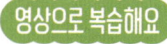

학습 목표
종을 울려본 적 있나요? 맑고 아름다운 소리가 들리죠. 그런데 만약 그 소리를 나만 들을 수 있다면 어떨까요? 이번 시간에는 스테인리스 집게와 실을 이용해 나만의 비밀 소리를 들어볼 거예요. 스테인리스 집게에 실을 묶고, 귀에 가까이 대면 신기한 종소리가 들릴 거예요. 간단한 준비물로 체험해 보세요.

교과 연계
- 초등학교 3~4학년(소리의 발생, 소리의 세기)
- 중학교(파동의 요소와 소리의 특성)

작업 소요 시간 10분
난이도 ★★★★★

준비물

- 스테인리스 집게 1개
- 면 뜨개실 1개

▶ 기본 도구: 가위

1단계 쉽고 재미있는 만들기 놀이

① 뜨개실 2m를 가위로 잘라 준비합니다.

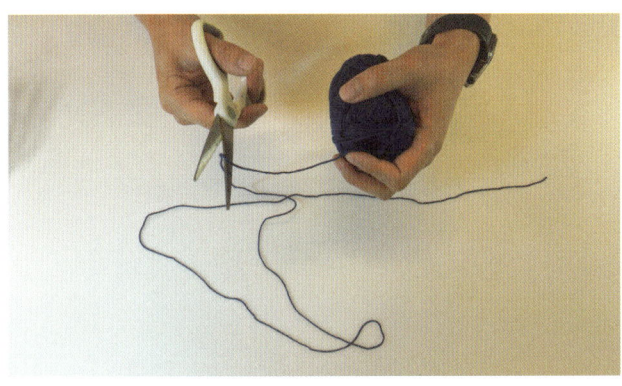

② 뜨개실의 양끝을 한 손에 잡고, 나머지 부분은 고리를 만듭니다.

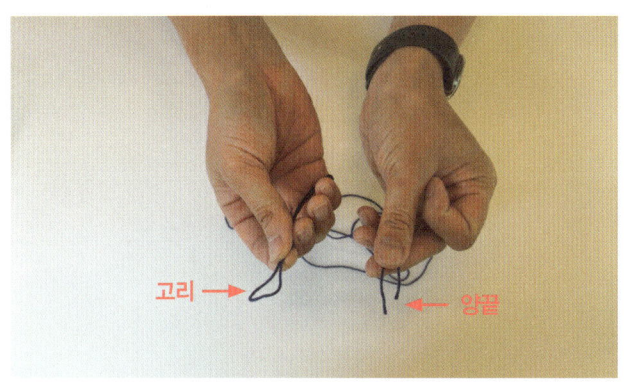

③ 뜨개실의 고리 부분에 매듭을 만들고, 스테인리스 집게의 가운데 부분에 뜨개실로 만든 고리를 끼웁니다.

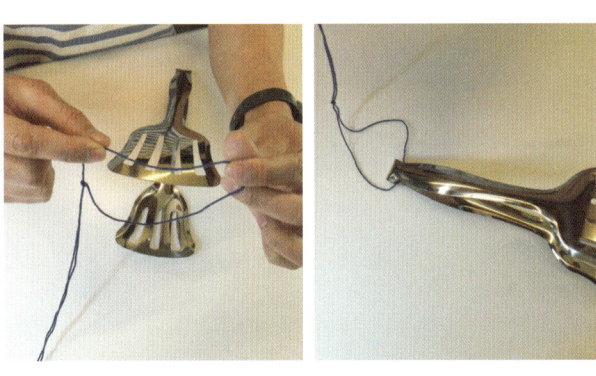

④ 뜨개실의 양쪽을 잡아 당겨 단단히 고정합니다.

⑤ 한 손의 집게 손가락에 뜨개실의 한쪽 끝을 두세 번 감습니다.

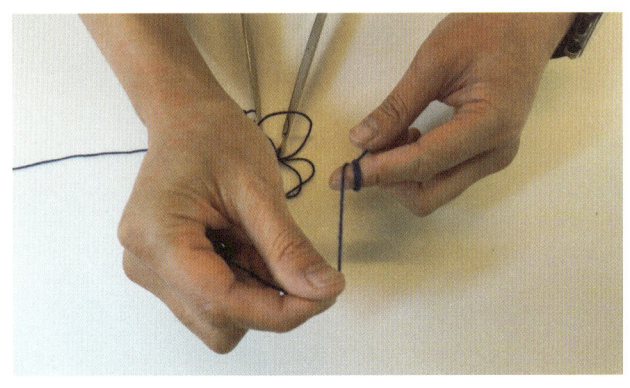

⑥ 다른 한 손의 집게 손가락에도 뜨개실을 두세 번 감습니다.

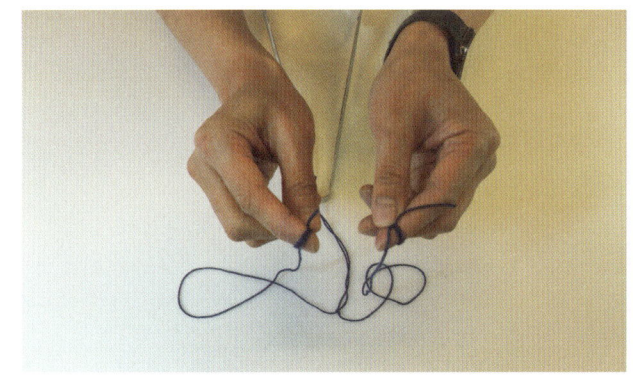

2단계 방구석 과학 실험 놀이

- 뜨개실을 감은 양쪽 집게 손가락을 귀 바로 앞에 있는 작은 귀덮개에 대고 살짝 눌러 귀를 닫습니다. 이때 손가락으로 닫는 것이 아니라 덮개로 닫습니다. 그림 A
- 실을 흔들면서 스테인리스 집게를 주변 물체에 부딪히게 해서 소리를 들어 봅시다. 그림 B

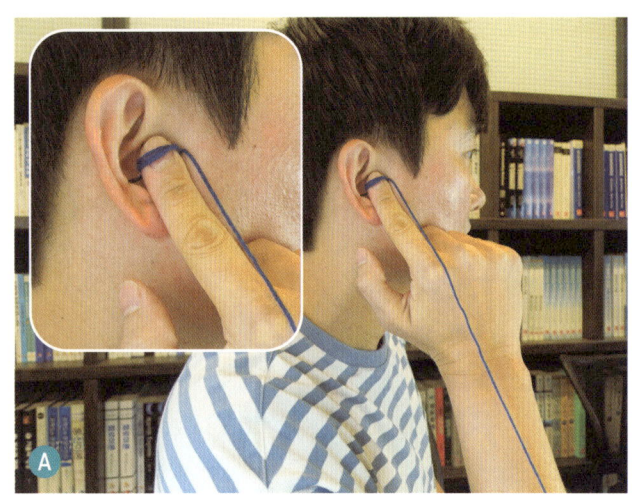

3단계 과학자처럼 탐구하기(프로젝트 활동)

- 다른 스테인리스 집게를 사용해 볼까요? 그림 C
- 재료의 재질(금속, 나무, 플라스틱 등)을 다르게 해 볼까요? 그림 D
- 재료의 크기나 실의 두께를 다르게 해 볼까요?
- 스테인리스 집게를 통해서 들리는 소리와 아무런 기구 없이 귀로 듣는 소리를 비교해 볼까요?

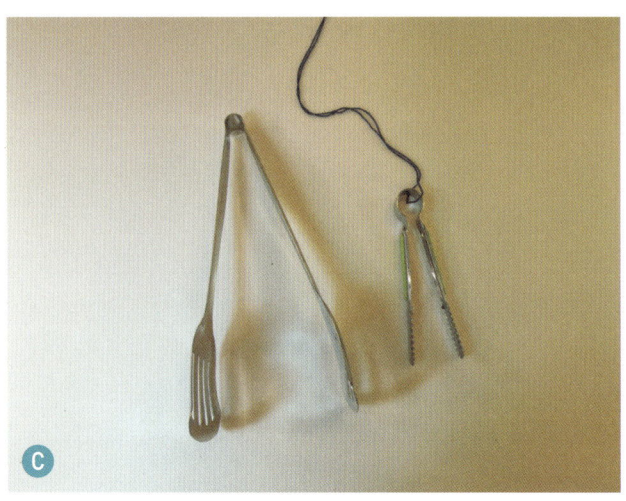

 **4단계** 이 과학 놀이의 원리는 무엇인가요?

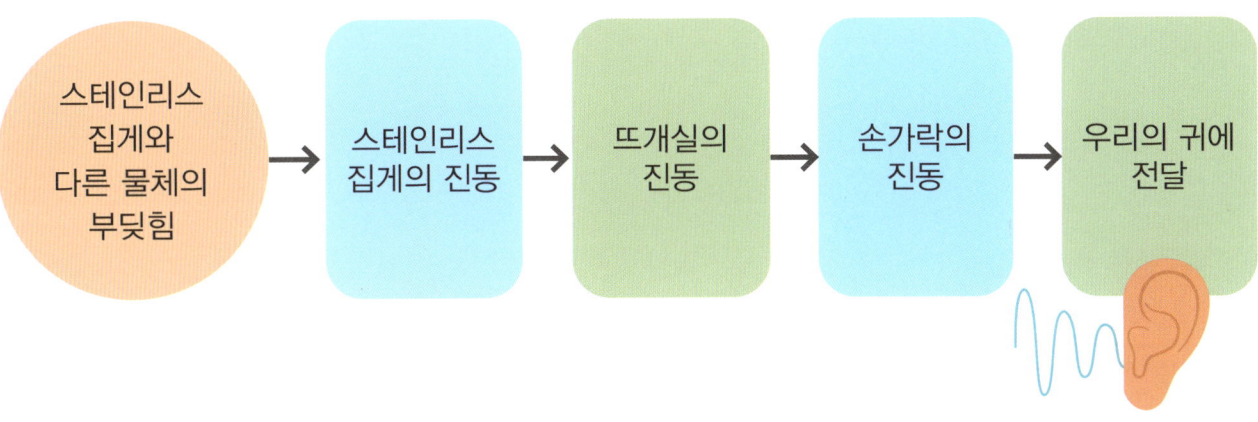

스테인리스 집게를 다른 물체에 부딪히면 진동하기 시작합니다. 스테인리스 집게의 진동은 실을 통해 여러분의 손가락으로 전달됩니다. 이런 진동은 공기가 아닌 스테인리스 집게와 뜨개실을 통해 여러분의 귀로 전달됩니다. 동일한 진동이더라도 다른 물질을 통해 통과하면 소리가 다르게 들립니다.

 하우쌤과 더 생각해 보기

Q. 집에 있는 책상에 한쪽 귀를 대고 두드려 봅시다. 평상시에 책상을 두드릴 때 나는 소리와 비교했을 때 차이가 있나요? 왜 그럴까요? 가족들과 함께 이야기해 보세요.

07 휴지곽을 흔들어 보니 비 오는 소리가 들려요

영상으로 복습해요

학습 목표 비 오는 소리를 좋아하나요? 언제 어디서나 빗소리를 들을 수 있다면 어떨까요? 레인스틱은 주로 칠레, 페루, 멕시코와 같은 남아메리카의 원주민들이 만들었어요. 레인스틱을 만들 때는 속이 빈 나무나 선인장 줄기를 사용해요. 그 안에 작은 돌이나 씨앗을 넣고, 나무 막대를 바깥쪽에 꽂아 길게 만들어요. 이번 시간에는 간단한 재료로 나만의 레인스틱을 만들어 볼 거예요. 함께 비오는 날의 평온한 소리를 느껴보세요.

교과 연계
- 초등학교 3~4학년(소리의 발생, 소리의 세기)
- 중학교(파동의 요소와 소리의 특성)

작업 소요 시간 40분
난이도 ★★★★

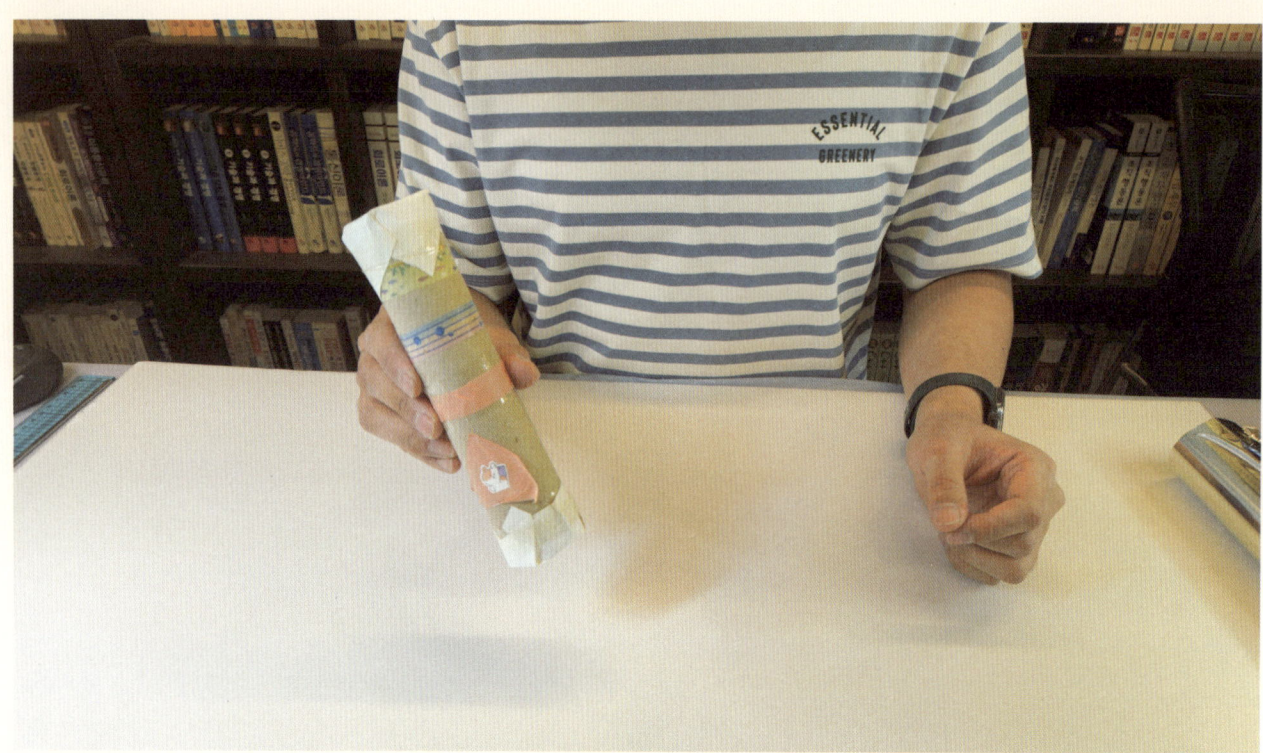

준비물

- 키친호일 1개
- 마스킹 테이프 1개(스티커나 색칠 도구도 가능)
- 스카치 테이프(일부)

▶ 기본 도구: 두루마리 휴지곽(2개), 가위, 쌀 한 주먹, 도화지(A4 용지도 가능)

1단계 쉽고 재미있는 만들기 놀이

① 두루마리 휴지곽 2개를 연결하여 스카치테이프로 이어 붙입니다.

※ 휴지곽 대신에 알루미늄 호일곽을 사용할 수도 있습니다.

② 키친호일을 1m 정도 준비합니다.

 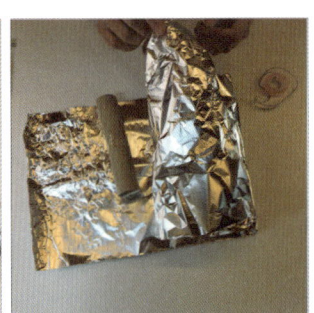

③ 키친호일을 돌돌 말거나 굽혀서 휴지심 속에 넣을 소리 판을 만듭니다.

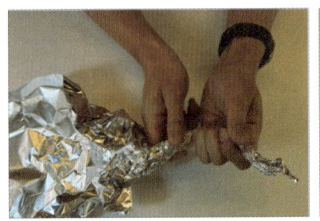 

※ 키친호일 소리 판이 휴지심 속에 들어갈 수 있도록 크기를 조절합니다.

④ 그림과 같이 종이 튜브를 원하는 무늬의 마스킹 테이프로 감아 꾸며봅시다.

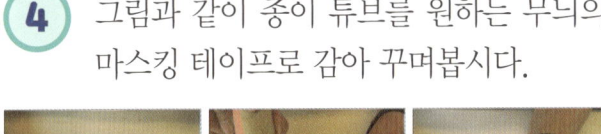

※ 스티커나 색칠 도구로 휴지곽을 꾸밀 수도 있습니다.

⑤ 종이 튜브의 한쪽 끝에 도화지를 테이프로 붙여 막습니다.

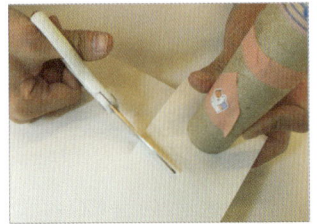 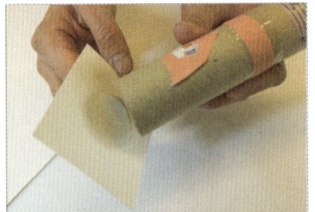
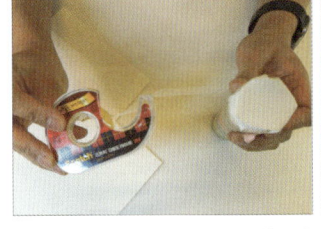 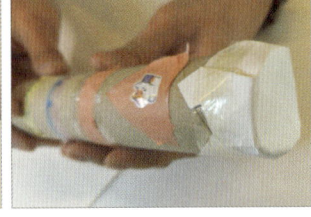

※ 도화지 대신에 A4 용지나 연습장 종이를 사용할 수도 있습니다.

⑥ ③에서 돌돌 말은 키친호일을 종이 튜브에 넣고, 한쪽 끝에 쌀 한 줌을 넣은 후 반대쪽도 막습니다.

 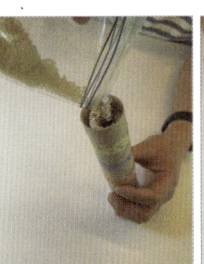 
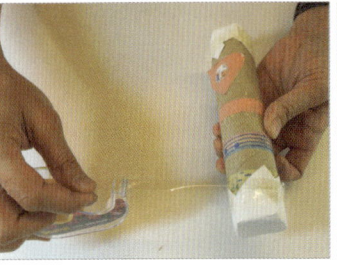 

2단계 방구석 과학 실험 놀이

- 종이 튜브를 양옆으로 흔들어 가며 소리를 들어 봅시다. **그림 A**
- 종이 튜브의 아래 위를 뒤집어 가며 소리를 들어 봅시다. **그림 B**

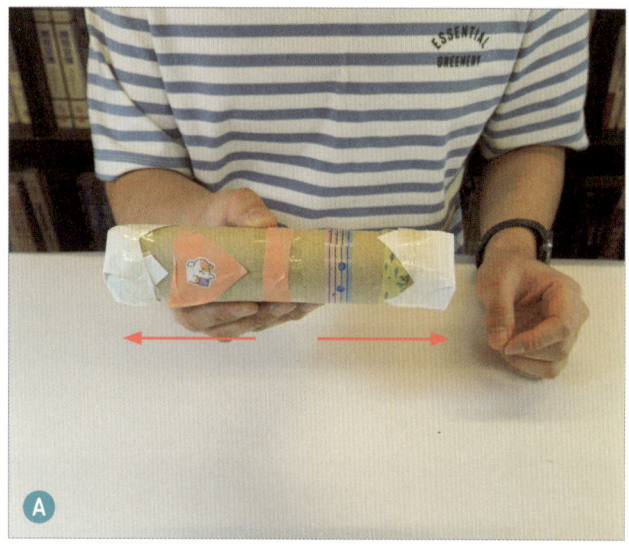
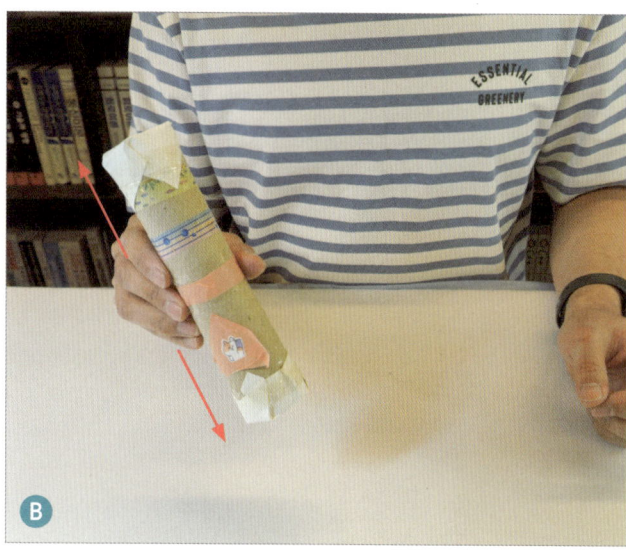

3단계 과학자처럼 탐구하기(프로젝트 활동)

- 쌀을 여러 가지 종류의 콩으로 바꿔서 소리를 비교해 볼까요? **그림 C**
- 휴지곽을 여러 개 연결하거나, 키친호일의 내부 심의 개수를 조절해서 전체 길이를 조절해 가며 소리를 비교해 볼까요? **그림 D**

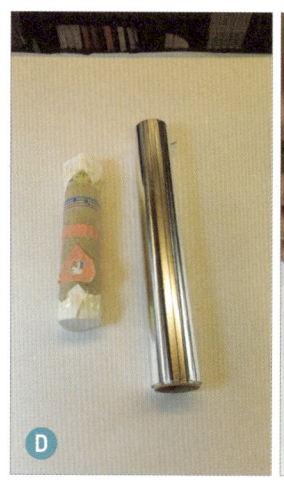
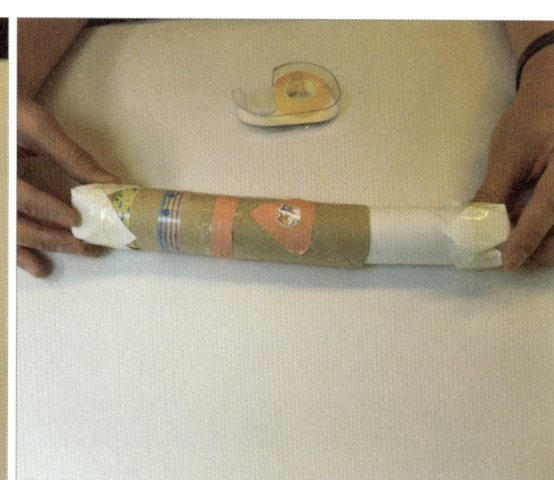

 **4단계** 이 과학 놀이의 원리는 무엇인가요?

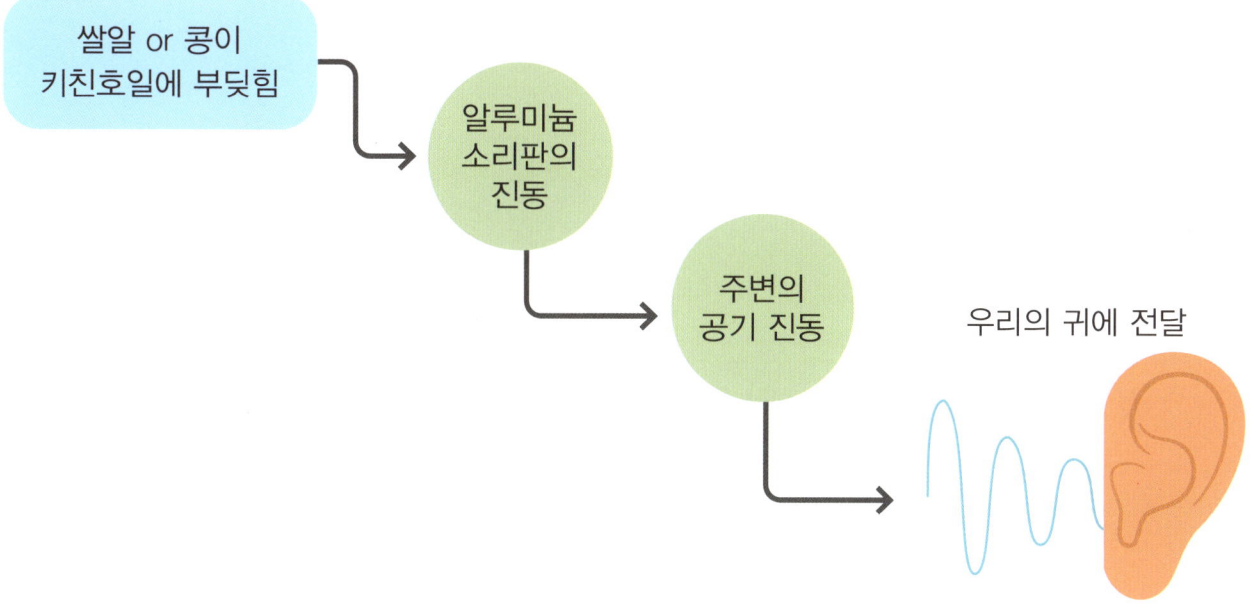

쌀알이나 콩이 키친호일에 닿을 때마다 소리가 납니다. 그 진동은 판지 튜브에 전달하고, 판지 튜브는 피아노 건반처럼 소리를 공기로 전달하는 역할을 합니다. 시골집의 지붕에 빗방울이 떨어지며 재미있는 소리가 나듯이, 쌀알도 튜브를 통해 떨어질 때 비가 오는 소리처럼 들립니다.

 **하우쌤과 더** 생각해 보기

Q 세계 여러 나라에는 오늘 우리가 만든 것처럼 흔들어 소리를 내는 악기들이 있습니다. 어떤 것들이 있을까요? 가족과 함께 찾아보고, 소리가 나는 원리를 생각해 보세요.

08 원을 그리며 끈을 돌려 보니 벌떼 소리가 들려요

영상으로 복습해요

학습 목표
벌떼의 윙윙거리는 소리를 들어 본 적 있나요? 생각만 해도 무섭죠? 그 소리를 간단한 재료로 만들어 볼 수 있어요. 이번 시간에는 막대, 고무줄 그리고 두꺼운 도화지를 이용해 벌떼 소리가 나는 장난감을 만들어 볼 거예요. 장난감을 빙빙 돌리면 마치 벌떼가 날아다니는 것 같은 소리가 나요. 간단한 준비물로 신기한 소리를 체험해 보세요.

교과 연계
- 초등학교 3~4학년(소리의 발생, 소리의 세기)
- 중학교(파동의 요소와 소리의 특성)

작업 소요 시간 30분
난이도 ★★★★★

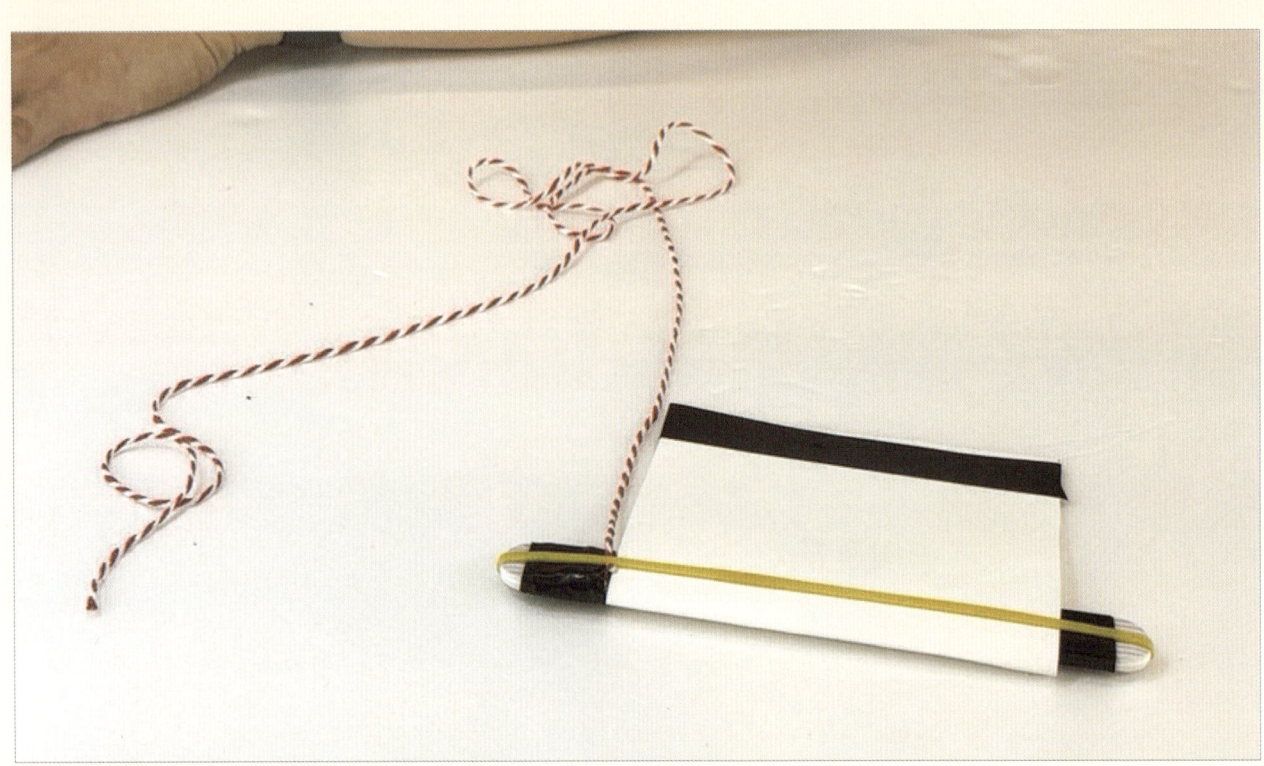

준비물
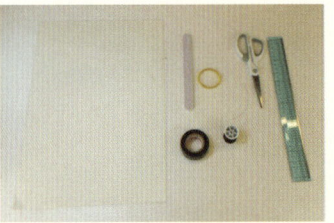
- 네일 우드 파일 1개
- 절연 테이프 1개(일부)
- 고무줄 1개
- 실 또는 뜨개실(일부)
- 도화지 1장

▶ 기본 도구: 가위, 자

1단계 쉽고 재미있는 만들기 놀이

① 네일 우드 파일을 덮을 만한 크기로 도화지 1장을 자릅니다. (예 12cm × 22cm)

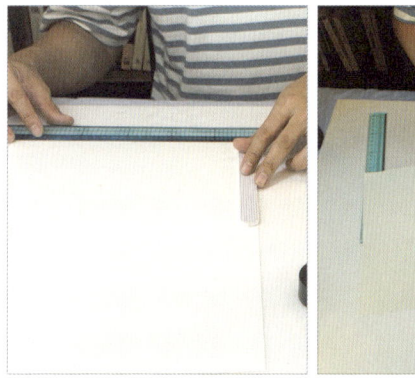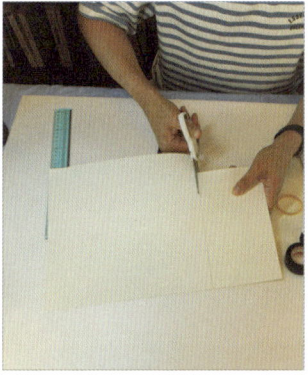

※ 네일 우드 파일을 도화지에 올려 두고 맞출 수 있습니다. (③을 참고)

③ ①에서 자른 도화지를 네일 우드 파일의 절연 테이프 사이에 덮고 고정합니다.

⑤ 폭이 두꺼운 고무줄을 절연 테이프가 있는 네일 우드 파일의 한쪽에서 다른 한쪽으로 늘려서 그림과 같이 꽉 끼웁니다.

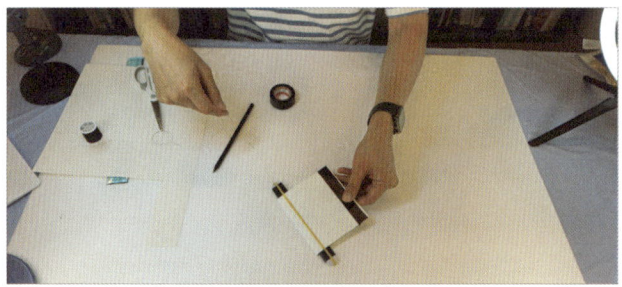

⚠ 고무줄이 튕겨서 주변에 날아갈 수 있으므로 부모님의 도움을 받습니다.

② 네일 우드 파일의 양쪽을 절연 테이프로 여러 겹 감습니다.

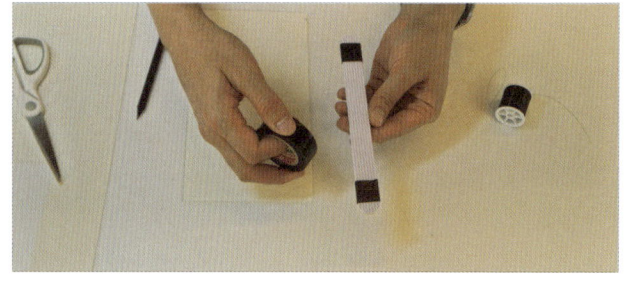

④ 그림처럼 네일 우드 파일의 한쪽 끝에 뜨개실을 묶고, 절연 테이프를 감아서 단단히 고정합니다.

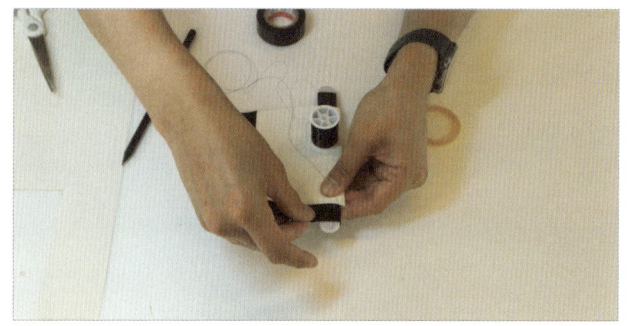

※ 뜨개실 대신 실을 사용할 수도 있습니다.

⑥ 뜨개실을 잡고 장난감을 원을 그리며 돌려 보세요.

⚠ 원을 돌릴 때 끊어질 수 있으니 주의하세요.

2단계 방구석 과학 실험 놀이

- 실험을 할 때 주변이 안전한지 확인합니다. 실을 잡고 원을 그리며 돌려 보세요. 윙윙~ 소리가 나면 성공!
- 장난감을 더 빨리 돌리거나 느리게 돌리면 어떻게 되나요?
- 실을 더 두꺼운 실로 바꾸어서 돌려 봅시다.

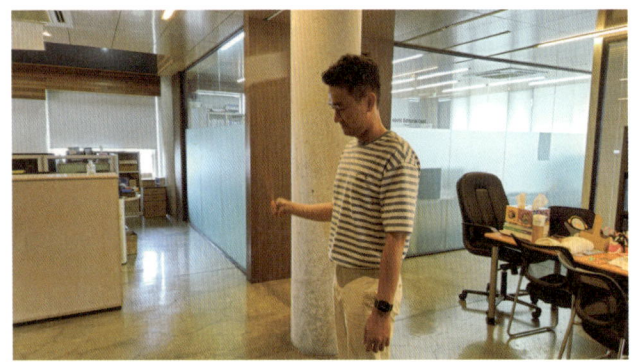
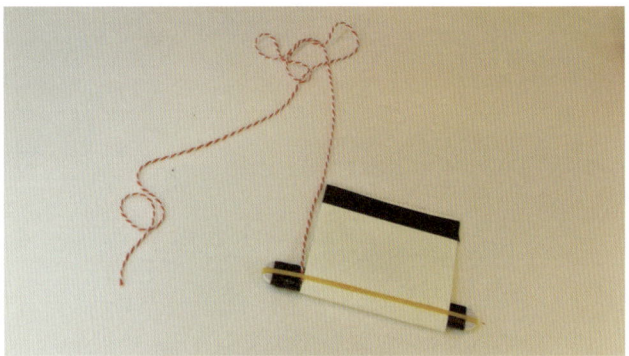

3단계 과학자처럼 탐구하기(프로젝트 활동)

- 실의 길이를 더 길게, 더 짧게 해 볼까요? 그림 A
- 절연 테이프를 두 배 더 감아서 무게를 더 무겁게 해 볼까요?
- 두꺼운 고무줄을 두 겹으로 감아서 소리를 비교해 볼까요? 그림 B
- 두꺼운 고무줄을 얇은 고무줄 여러 개로 바꿔 볼까요? 그림 C

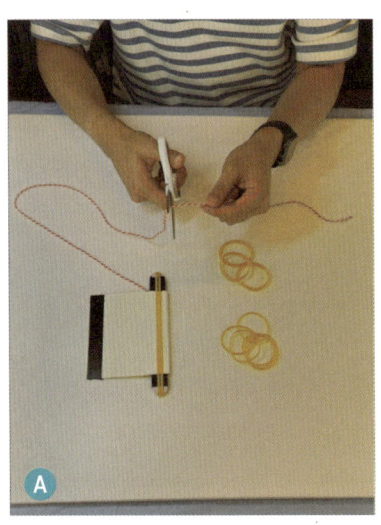

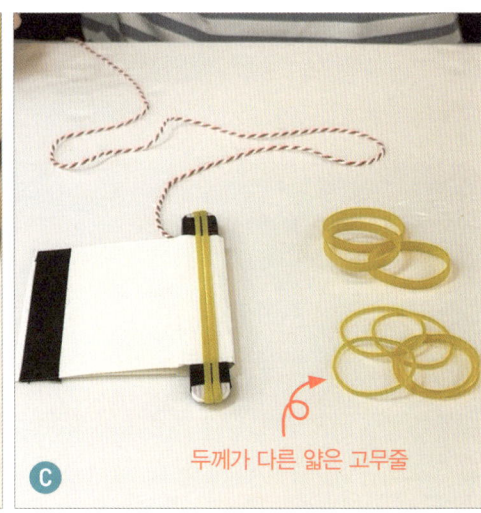

두께가 다른 얇은 고무줄

 **4단계** 이 과학 놀이의 원리는 무엇인가요?

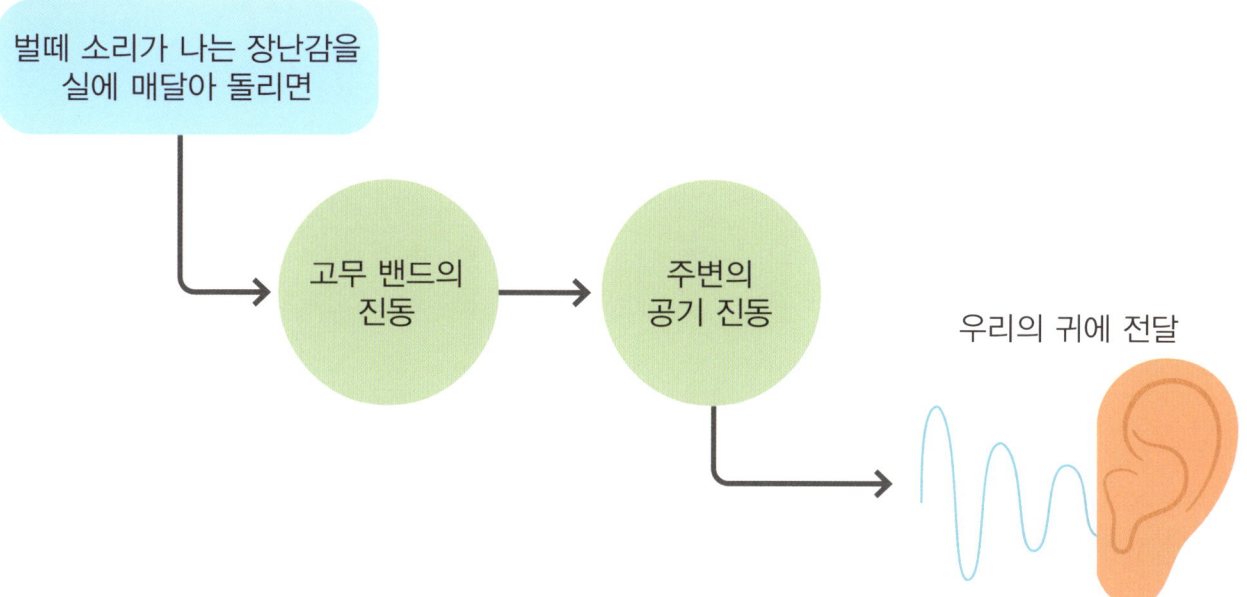

소리는 물체의 진동, 즉 떨림에 의해 발생합니다. 우리 주변의 많은 소리들이 이렇게 만들어져요. 벌떼 소리가 나는 장난감을 실에 매달아 돌리면 고무 밴드가 진동해요. 이 진동은 주변의 공기를 움직이게 만들어요. 공기가 움직이면 그 소리가 우리의 귀에 전달되어 우리가 소리를 듣게 되는 것이에요.

 하우쌤과 더 생각해 보기

Q 바이올린이나 기타 줄의 굵기나 장력(세게 조여진 정도)에 따라 소리가 다릅니다. 왜 그럴까요? 가족들과 함께 생각해 보세요.

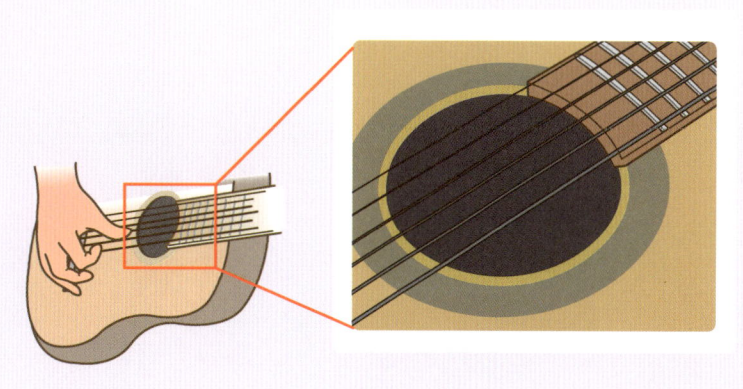

09 빨대에 바람을 불어넣었더니 악기 소리가 나요

영상으로 복습해요

학습 목표: 드럼이나 탬버린을 관찰해 보세요. 가죽이나 막이 있는 악기에요. 드럼이나 탬버린은 어떻게 소리가 나는 걸까요? 이번 시간에는 빨대와 페트병, 니트릴 장갑으로 입으로 부는 드럼을 만들어 보기로 해요.

교과 연계:
- 초등학교 3~4학년(소리의 발생, 소리의 세기)
- 중학교(파동의 요소와 소리의 특성)

작업 소요 시간 40분
난이도 ★★★★★

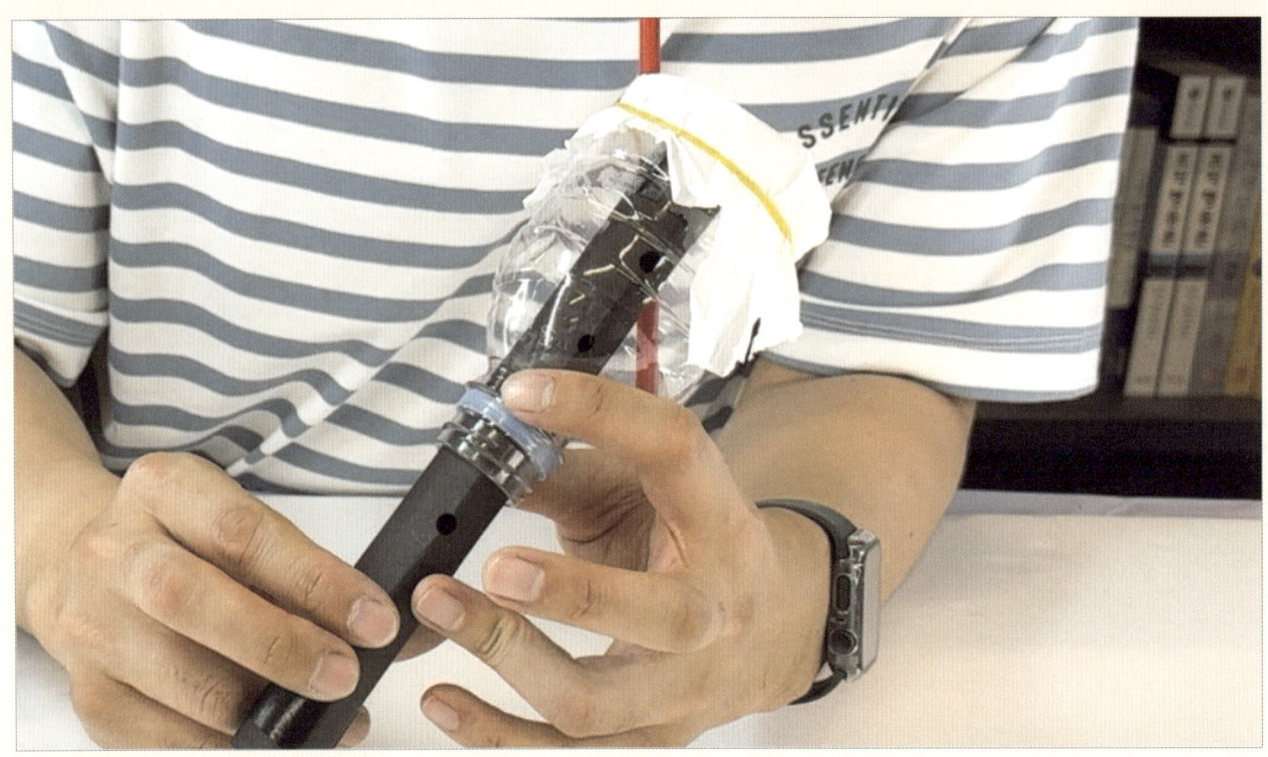

준비물
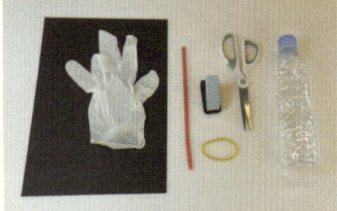

- 니트릴 장갑 1개
- 일공 펀치 1개
- 빨대 1개
- 고무줄 1개
- 펠트지 1장

※ 검은색 펠트지 대신에 도화지를 사용할 수도 있습니다.

▶ 기본 도구: 가위, 절연 테이프, 빈 페트병 500ml 1개

1단계 쉽고 재미있는 만들기 놀이

① 페트병을 가위나 칼을 사용해 반으로 자른 후에 윗부분을 사용해요.

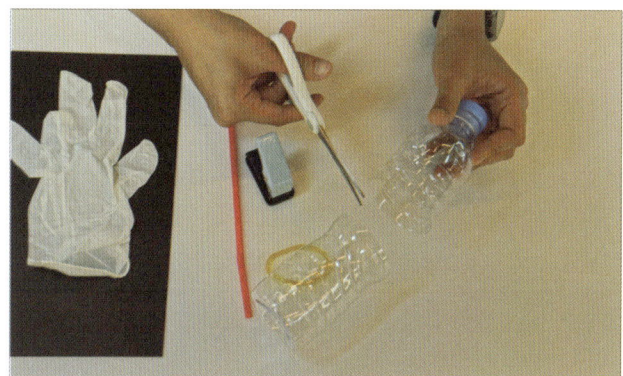

⚠ 가위나 칼로 자를 때 조심하세요.

② 잘라낸 페트병의 아랫부분에 펀치를 사용해 구멍을 뚫고, 빨대를 넣어 크기를 확인해요.

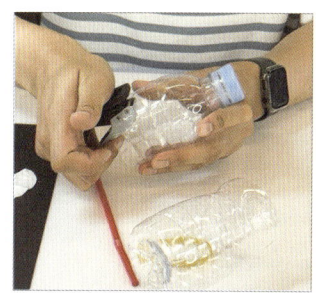 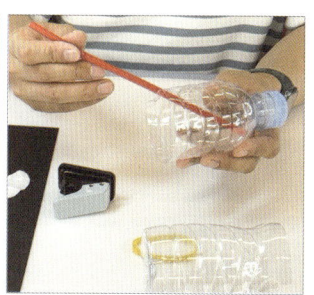

※ 빨대가 꽉 끼어야 하며, 구멍이 작으면 다시 구멍을 넓혀 주세요.

③ 장갑의 손바닥 부분을 가위로 잘라 넓은 직사각형 모양으로 만들어요.

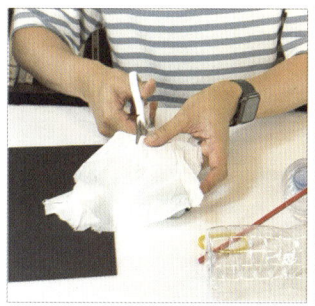 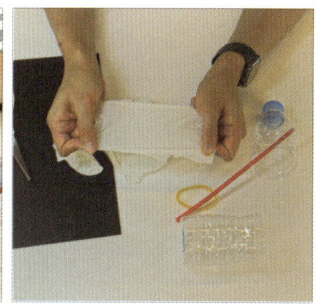

④ 잘라낸 장갑으로 페트병을 덮고 고무줄로 단단히 고정해요.

※ 이때 펀치로 뚫은 구멍이 가려지지 않도록 주의해요.

⑤ 검은색 펠트지를 돌돌 말아 절연 테이프로 고정해요.

※ 테이프로 고정하기 전에 검은색 펠트지를 말아서 넣어 보고 두께를 가늠해요.

⑥ 검은색 펠트지가 막에 살짝 닿을 정도로 넣으면 완성!

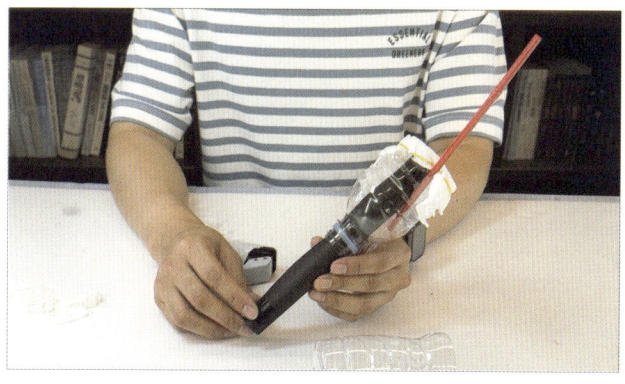

2단계 방구석 과학 실험 놀이

- 페트병의 빨대에 바람을 불어넣어 보세요. **그림 A**
- 검은색 펠트지를 돌돌 말아 만든 관에 펀치로 구멍을 만들어서 손가락으로 구멍을 막았다 떼었다 하면서 소리를 내보세요. **그림 B**

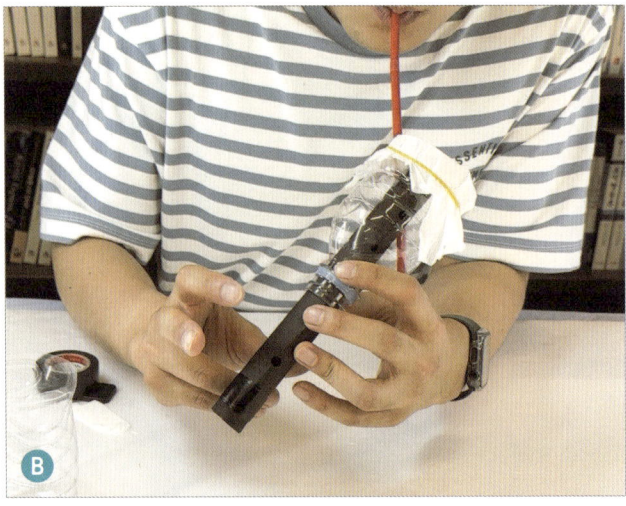

3단계 과학자처럼 탐구하기(프로젝트 활동)

- 빨대에 바람을 불어넣는 세기를 다르게 해 볼까요?
- 검은색 펠트지에 구멍을 뚫는 위치를 다르게 해 가며 소리를 비교해 볼까요? **그림 C**
- 검은색 펠트지로 만든 관의 길이를 다르게 해 가며 소리를 비교해 볼까요? **그림 D**

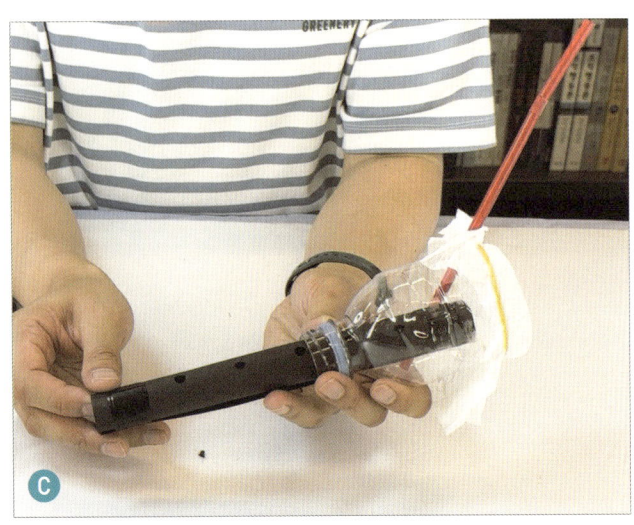
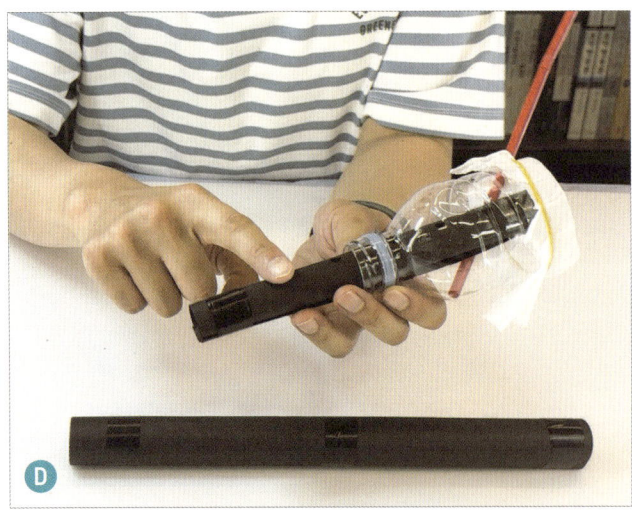

4단계 이 과학 놀이의 원리는 무엇인가요?

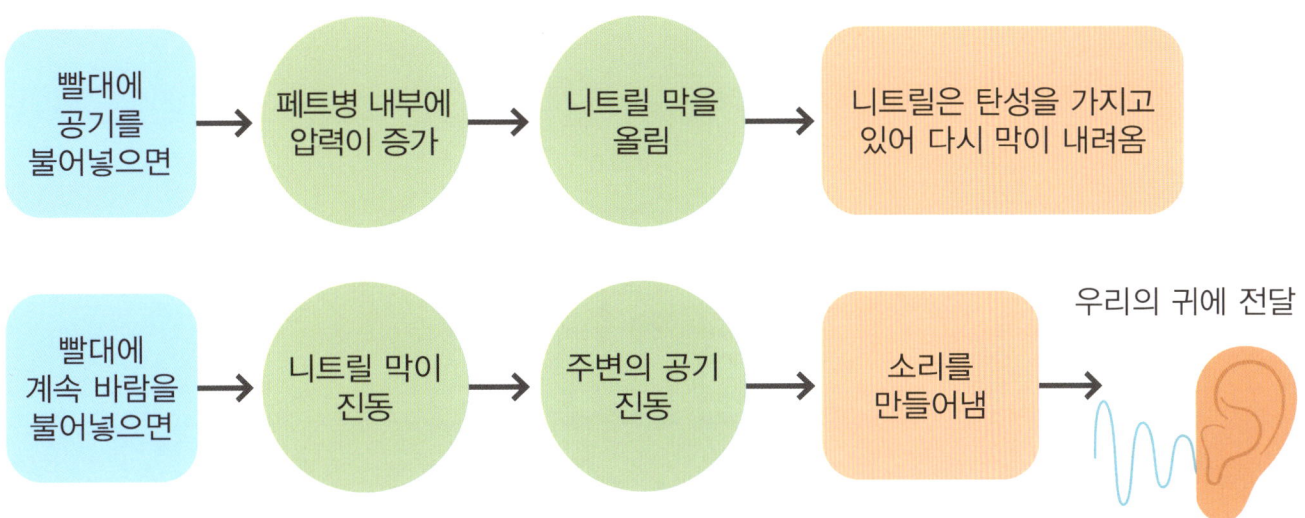

빨대에 공기를 불어넣으면 페트병 내부에 압력이 생겨요. 이 압력은 니트릴 막을 올렸다가 공기를 바깥으로 내보내요. 공기가 바깥으로 빠져나가면 니트릴 막은 원래 자리로 돌아와요. 계속 바람을 불면 막이 올라갔다 내려오면서 진동을 만들고, 이 진동은 소리를 만들어요.

 하우쌤과 더 생각해 보기

Q 페트병 입구에 바람을 불어넣으면 소리가 납니다. 페트병 입구에 물을 반쯤 채워 넣고 바람을 불어넣으면 높은 소리가 납니다. 왜 그럴까요? 가족과 함께 생각해 보세요.

▲ 빈 페트병 입구에 바람 불기 　　▲ 물을 반쯤 채운 페트병 입구에 바람 불기

3장

비눗방울과 관련된 놀이를 해 볼까요?

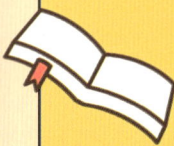

- 10 철사 틀을 비눗물에 담그면 특별한 비누막이 생겨요
- 11 빨대 조각들을 비눗물에 담그면 비눗방울 스틱이 돼요
- 12 물감으로 그린 키친타올 그림이 예쁜 비누거품이 돼요

10. 철사 틀을 비눗물에 담그면 특별한 비누막이 생겨요

영상으로 복습해요

학습목표
비눗방울을 불어본 적 있나요? 투명하고 반짝이는 방울들이 떠오르죠. 이번 시간에는 빨대와 철사로 3차원 기하학적 틀을 만들어 비눗방울 예술작품을 만들어 볼 거예요. 정육면체, 사면체 같은 기본 도형부터 여러분만의 독창적인 모양까지 다양하게 만들어 보세요. 틀을 비눗물에 담그면 형성되는 비눗방울은 상상하지 못했던 정말 멋진 모습을 보여줄 거예요. 함께 기하학적 예술의 세계로 떠나봐요.

교과연계
- 초등학교 5~6학년(빛의 굴절)
- 중학교(반사와 굴절, 빛의 합성과 색)

작업 소요 시간 30분
난이도 ★★★★★

준비물
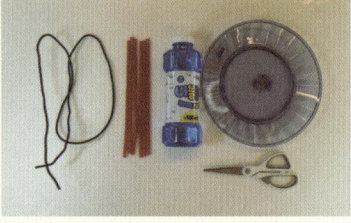
- 원예용 철끈 1m
- 빨대 6개
- 비눗방울 리필 용액 1개

▶ 기본 도구: 가위, 클리어 접시 또는 대야(비눗방울 용액을 담을 수 있는)

1단계 쉽고 재미있는 만들기 놀이

① 원예용 철끈 1m를 필요한 만큼 자릅니다.

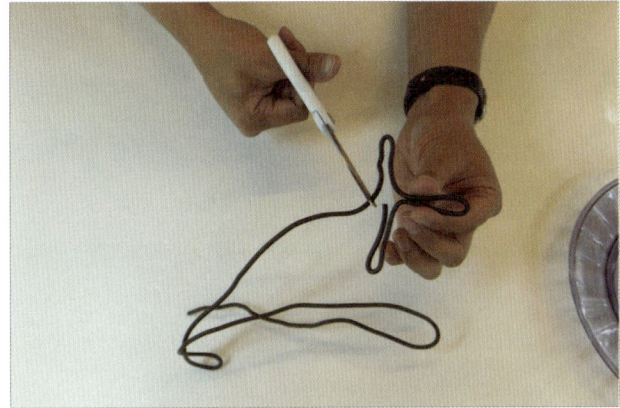

⚠ 가위를 사용할 때 주의합니다.

② 원예용 철끈을 잘라 꼬아서 연결 부분을 만들어요.

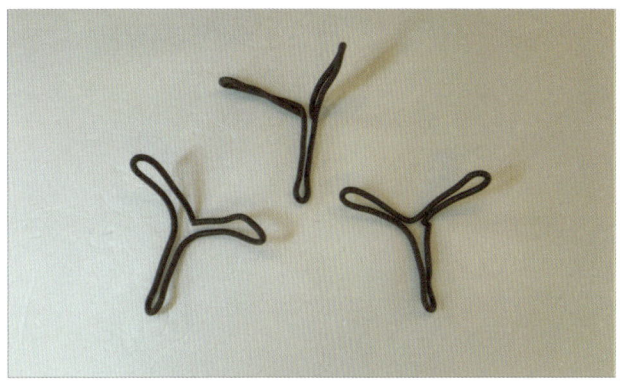

⚠ 철끈의 끝을 조심하세요.

③ ②에서 만든 연결 부분의 끝에 빨대를 필요한 만큼 잘라서 연결해 보세요.

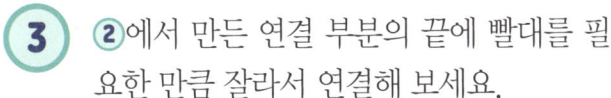
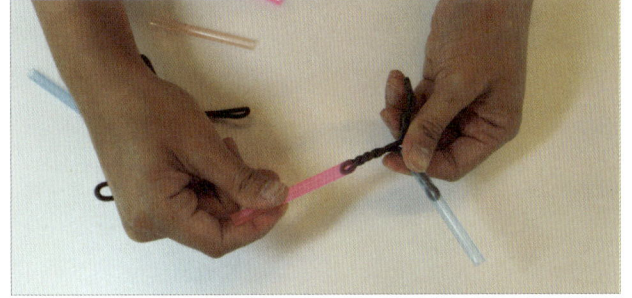

※ 철끈을 돌돌 말아서 사용하면 빨대에 연결하기 쉬워요.

④ 여러 개의 연결 부분을 빨대에 연결해 가며 입체 도형을 만들어 보세요.

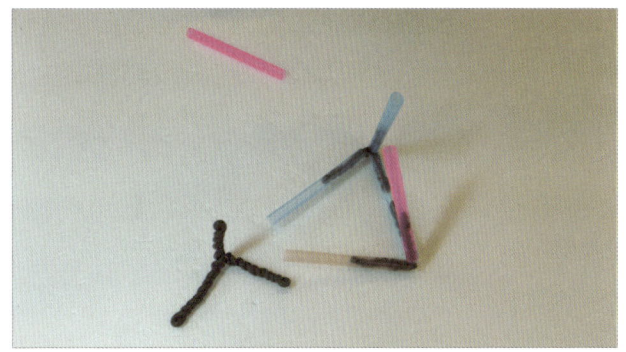

⑤ 그림과 같은 입체 도형(정사면체)을 만들어 보세요.

⑥ 여러분이 만든 모양에 남은 철끈으로 손잡이를 만들어 줍니다. 완성!

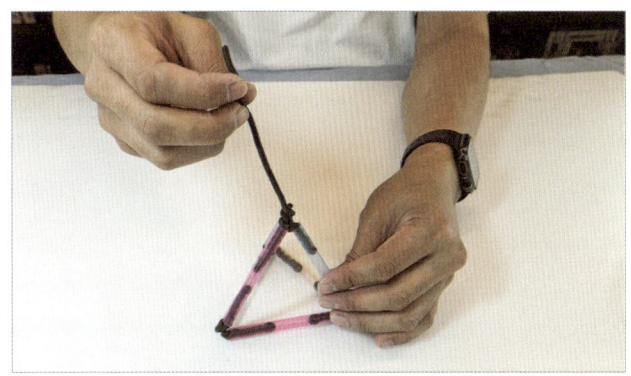

10 철사 틀을 비눗물에 담그면 특별한 비누막이 생겨요

2단계 방구석 과학 실험 놀이

- 비눗방울 용액이 담긴 대야에 철사와 빨대로 만든 틀을 담고 천천히 들어 올려 봅시다. 그림 A
- 비눗방울 용액에 담궜던 틀을 들어서 바람을 불어넣어 봅시다. 그림 B
- 빨대와 원예용 철사(모루)를 많이 준비해서 여러분이 만든 작은 구조물을 여러 개 합쳐서 크게 만들어 봅시다.
- 다양한 구조물의 모양과 색깔의 비누막을 그림과 영상으로 촬영해서 SNS에 업로드 해 봅시다. (@haw086 태그)

 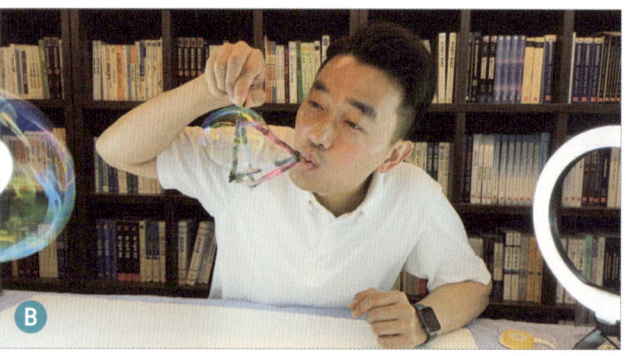

3단계 과학자처럼 탐구하기(프로젝트 활동)

- 비눗방울 용액에 물이나 비눗방울 용액을 더 넣고 농도를 조절해 가며 실험을 해 볼까요? 어떤 것을 더 넣으면 비누막이 잘 생길까요? 그림 C
- 어두운 곳에서 실험을 하고, 스마트폰의 (다양한 색) 불빛으로 비누막에 비추어 볼까요? 그림 D
- 비눗방울 틀을 담갔다가 들어 올릴 때마다 비눗방울 막이 생기는 모양이 달라지는 횟수를 세어 볼까요? 어떤 모양으로 만들었을 때가 제일 많나요? 그 이유가 무엇일까요?

 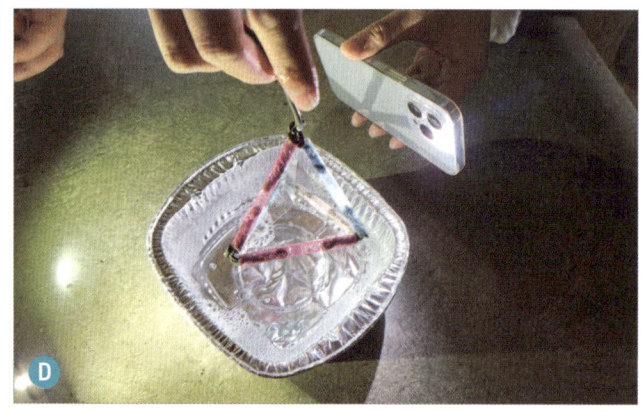

 **4단계** 이 과학 놀이의 원리는 무엇인가요?

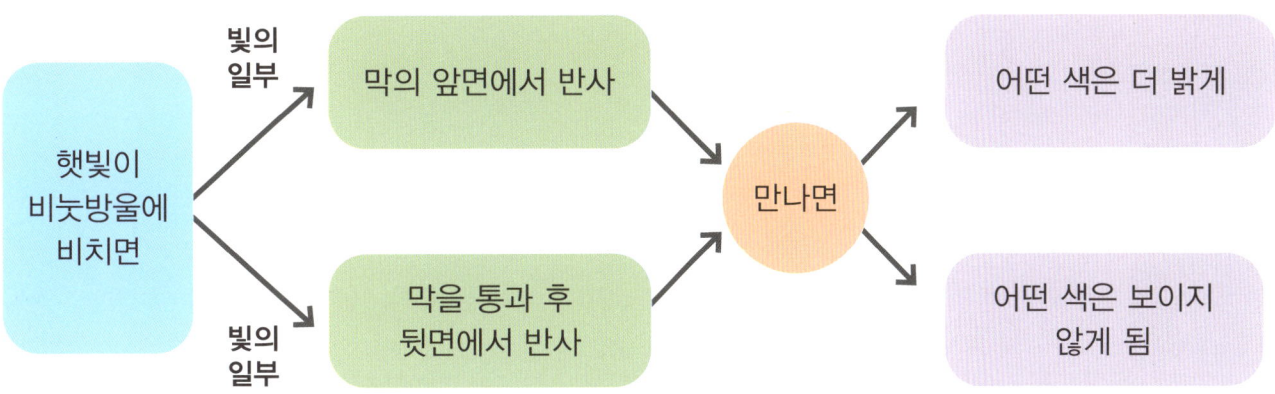

비눗방울의 막은 물과 비누가 섞여서 아주 얇게 펼쳐진 것입니다. 이 막은 두께가 매우 얇아서 빛이 막을 통과할 때 특별한 현상이 일어납니다. 햇빛이 비눗방울에 비치면 빛의 일부는 막의 앞면에서 반사되고, 일부는 막을 통과한 후 뒷면에서 반사됩니다. 이렇게 서로 다른 길을 따라온 빛들이 만나면 어떤 색은 더 밝게 보이고, 어떤 색은 보이지 않게 됩니다.

 **하우쌤과 더** 생각해 보기

> Q 비누막이 생겼을 때 손잡이를 양옆으로 살짝 흔들어 주면 색깔이 알록달록 변합니다. 그 이유가 무엇일까요? 가족들과 함께 생각해 보세요.

11 빨대 조각들을 비눗물에 담그면 비눗방울 스틱이 돼요

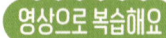

학습 목표 비눗방울이 한 번에 많이 만들어지는 버블 건을 본 적이 있나요? 이번 시간에는 빨대와 페트병을 이용해 비눗방울을 한 번에 많이 만들 수 있는 비눗방울 스틱을 만들어 볼 거예요. 간단한 재료로 다채로운 비눗방울을 즐겨보세요! 비눗방울이 만들어지는 원리를 이해하며 재미있는 실험을 해 봅시다.

교과 연계
- 초등학교 5~6학년(빛의 굴절)
- 중학교(반사와 굴절, 빛의 합성과 색)

작업 소요 시간 30분
난이도 ★★☆☆☆

준비물

- 빨대 3~10개
- 스카치 테이프(일부)
- 비눗방울 리필 용액 1개

▶ 기본 도구: 가위, 일공 펀치, 클리어 접시, 빈 페트병 500ml 1개

1단계 쉽고 재미있는 만들기 놀이

① 가위를 활용해서 빨대를 12mm 길이로 자릅니다.

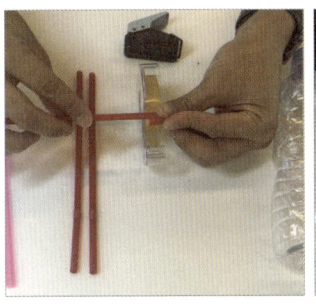 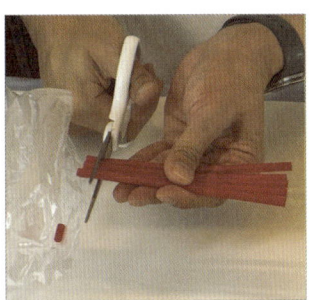

⚠ 빨대를 가위로 자를 때 주의하세요.
⚠ 사방으로 튈지 모르니 클린백으로 담으면 좋아요.

② 테이프를 30cm 떼어낸 다음, ①에서 자른 빨대를 수평으로 붙입니다.

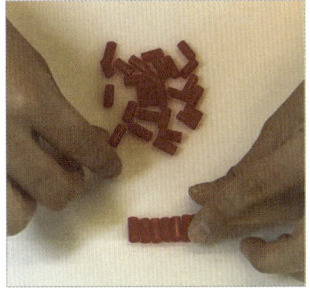 

※ ①에서 빨대를 테이프의 폭에 맞게 자를 수도 있어요.

③ 테이프의 한쪽 끝을 중심으로 해서 바깥쪽으로 말아갑니다.

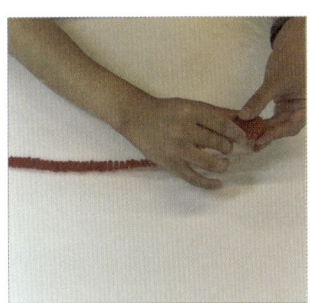 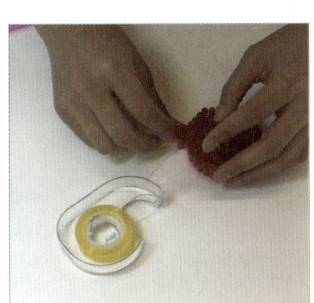

④ 페트병의 옆면을 두께 12~15mm 정도로 잘라 둥근 띠를 만듭니다.

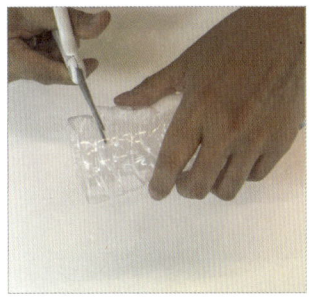 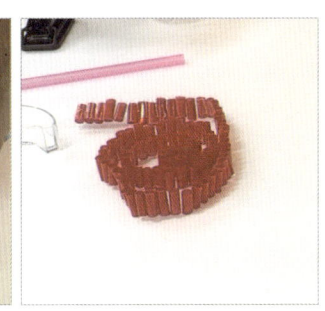

⑤ 페트병으로 만든 둥근 띠에 펀치로 구멍을 하나 만들고, ③에서 말아 놓은 빨대 모음을 끼워 넣습니다.

 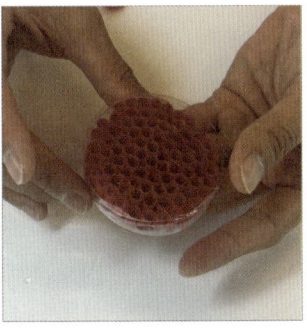

※ 빨대의 개수가 맞지 않으면 페트병 띠에 맞게 조절해요.

⑥ 페트병 띠에 뚫은 구멍에 빨대를 끼워 '비눗방울 스틱'의 손잡이를 만듭니다.

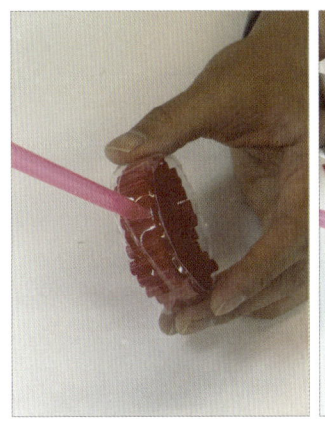 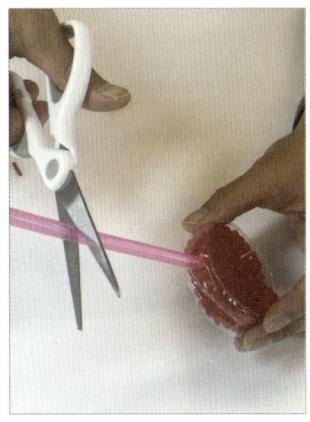

※ 손잡이의 길이를 손에 알맞게 가위로 잘라요.

11 빨대 조각들을 비눗물에 담그면 비눗방울 스틱이 돼요

2단계 　방구석 과학 실험 놀이

- 비눗방울 용액이 담긴 접시에 비눗방울 스틱을 담갔다가 들어 올린 후 바람을 불어 봅시다. `그림 A`
- 비눗방울 용액을 묻힌 비눗방울 스틱 뒤에 손 선풍기를 켜서 비눗방울을 만들어 봅시다. `그림 B`

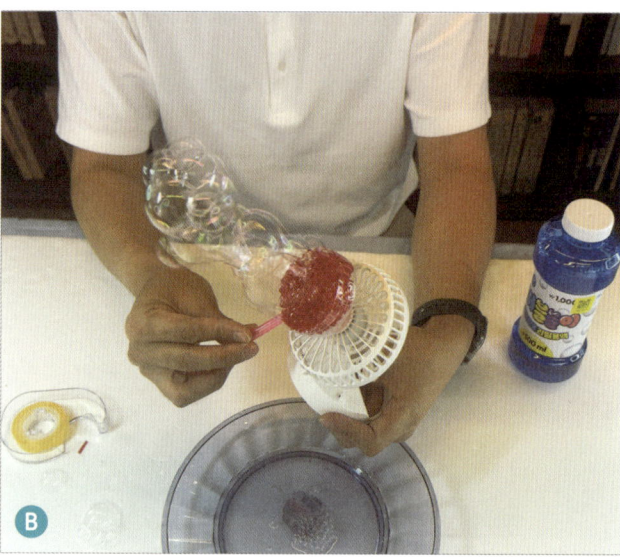

3단계 　과학자처럼 탐구하기(프로젝트 활동)

- 더 큰 페트병으로 페트병 띠를 만들어서 더 많은 빨대로 비눗방울 스틱을 만들어 볼까요? `그림 C`
- 빨대의 굵기를 다르게 해서 비눗방울 스틱을 만들어 볼까요? `그림 D`

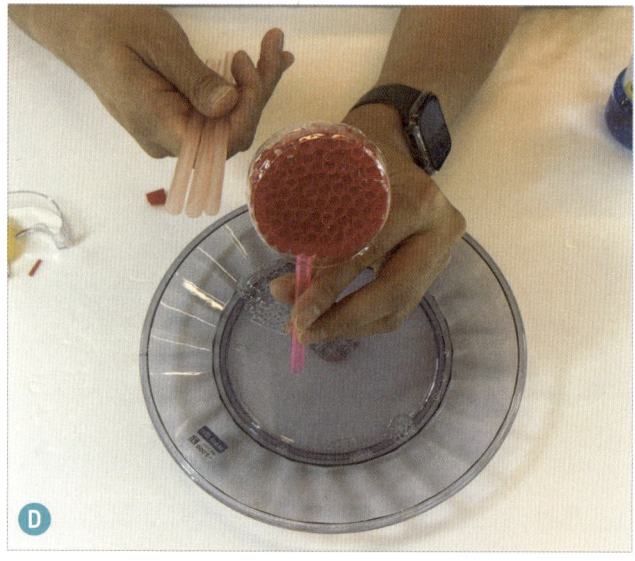

 **4단계** 이 과학 놀이의 원리는 무엇인가요?

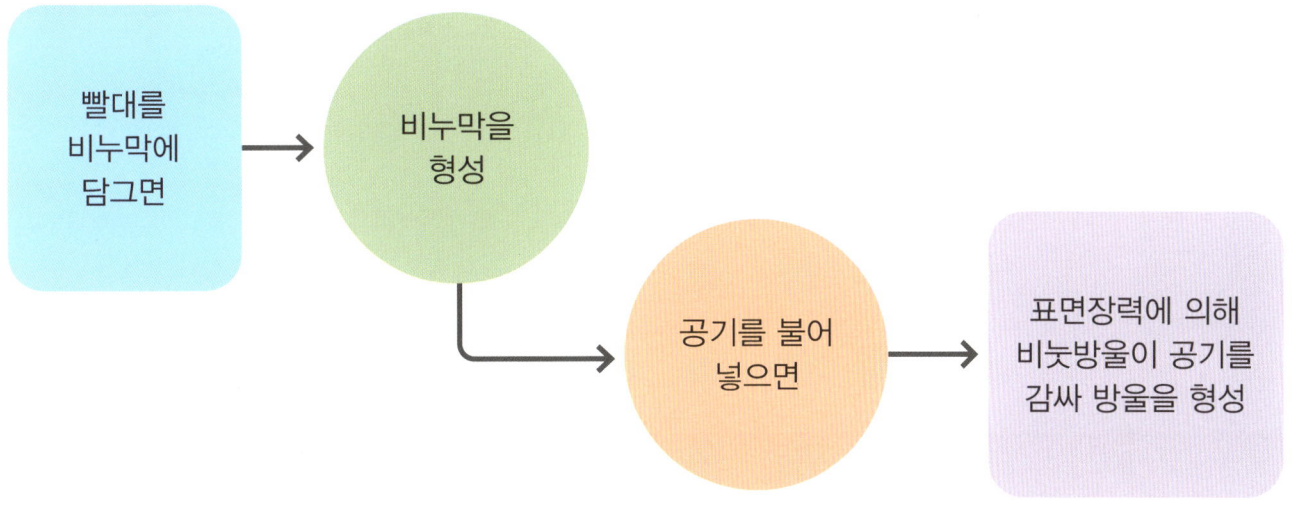

빨대를 비누막에 담그면 그 끝에 비누막이 형성됩니다. 빨대를 통해 공기를 불어넣으면 비누막은 표면장력에 의해 공기를 감싸며 방울을 형성하게 됩니다. 여기서 표면장력은 액체의 표면이 얇은 막처럼 팽팽하게 당겨져 있어서 물방울처럼 동그랗게 모양을 유지하게 해 주는 힘을 말합니다. 즉, 액체의 겉표면에서 가능한 한 작은 면적을 가지려는 성질을 말합니다.

 하우쌤과 더 생각해 보기

Q 소금쟁이는 연못에서 자유롭게 떠 있습니다. 소금쟁이는 어떻게 물에 빠지지 않을까요? 가족과 함께 생각해 봅시다.

12. 물감으로 그린 키친타올 그림이 예쁜 비누거품이 돼요

학습목표
키친타올을 본 적 있나요? 키친타올의 아주 작은 섬유 사이로 비누막이 맺히면 어떤 일이 벌어질까요? 이번 시간에는 페트병과 수채화 물감을 이용해 예쁜 색깔 비누거품 띠를 만들어 보아요. 그림이 오색빛깔 비누거품으로 바뀌는 마술, 준비물도 간단하고 과정도 흥미로우니 우리 함께 비누거품 실험을 해 볼까요?

교과연계
- 초등학교 5~6학년(빛의 굴절)
- 중학교(반사와 굴절, 빛의 합성과 색)

작업 소요 시간 20분
난이도 ★★★★★

준비물
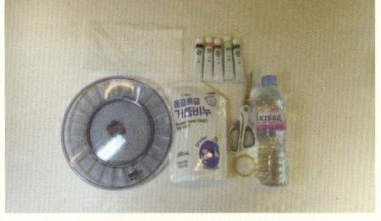
- 키친타올 1장
- 고무줄 2개
- 거품비누(리필형) 소량
- 수채화 물감 소량

▶ 기본 도구: 가위, 클리어 접시, 빈 페트병 500ml 1개

1단계 쉽고 재미있는 만들기 놀이

① 페트병의 절반 높이에서 가위로 자릅니다.

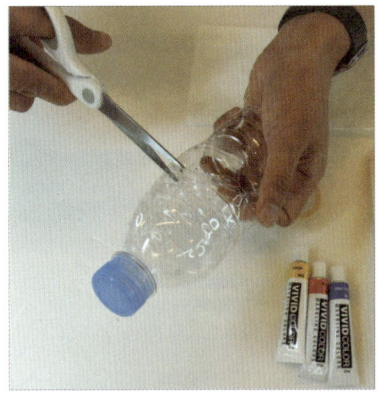 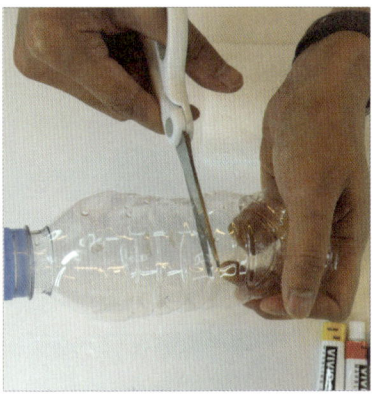

⚠ 먼저 가위로 구멍을 내면 쉽게 자를 수 있어요. 가위로 자를 때 주의하세요.

② 키친타올 한 장으로 페트병을 덮고 고무줄로 고정합니다.

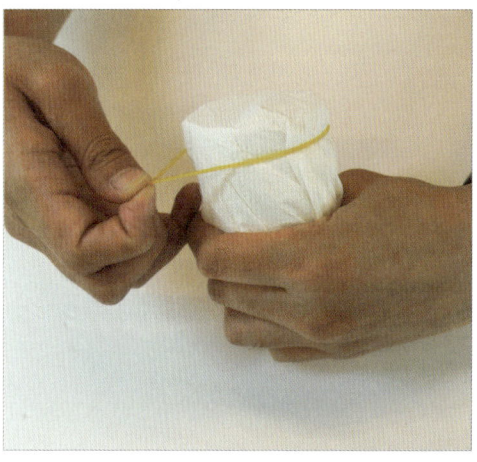

③ 여러 색깔의 수채화 물감으로 키친타올에 무늬를 그립니다.

④ 접시에 비누거품 액체를 충분히 부어 둡니다.

⑤ 키친타올로 고정한 페트병을 비누거품에 담궈 둡니다. 이제 놀이 준비 완료!

2단계 방구석 과학 실험 놀이

- 비누거품에 담궜던 페트병을 들어서 입구를 천천히 '후'하고 불어넣어 보세요. **그림 A**
- 입으로 천천히 불어넣어 가며 여러 가지 색깔로 된 비누거품 기둥을 만들어 보세요. **그림 B**

3단계 과학자처럼 탐구하기(프로젝트 활동)

- 비누거품 대신에 비눗방울 용액을 사용해 볼까요? **그림 C**
- 수채화 물감 대신에 수성펜의 잉크 심으로 그림을 그려 볼까요? **그림 D~E**
- 500ml 페트병 대신에 1.5L 페트병을 사용해 볼까요?
- 비누거품 또는 비눗방울 용액에 물을 넣어 가며 농도를 다르게 해 볼까요?

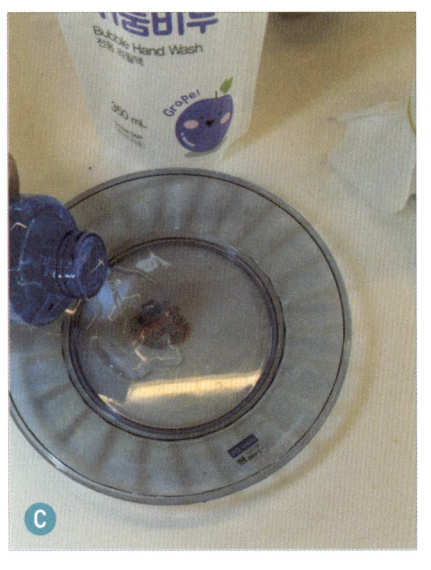

4단계 이 과학 놀이의 원리는 무엇인가요?

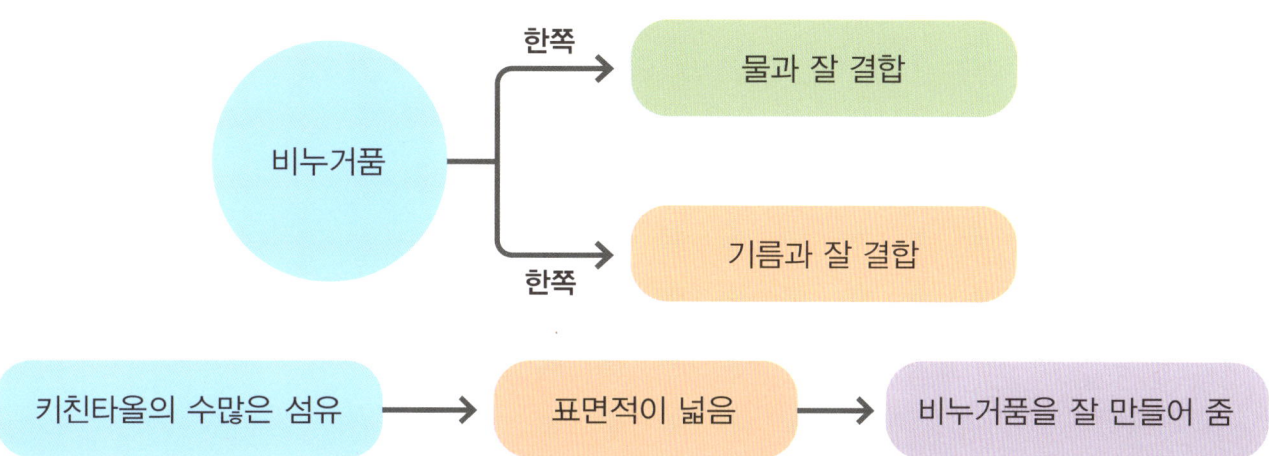

비누거품은 친수성(물과 결합하기 쉬운 부분)과 소수성(기름과 결합하기 쉬운 부분)으로 이루어져 있어서 비누는 물과 기름을 동시에 결합하여 오염 물질을 제거할 수 있습니다. 또한 공기를 불어넣으면 비눗물이 얇게 퍼져 거품을 만듭니다. 이렇게 키친타올은 수많은 작은 섬유 구조로 이루어져 있어 표면적이 넓고 액체를 빨아들이는 흡수력이 뛰어납니다. 이는 비누액을 더 잘 머금고 공기를 담아서 비누거품을 더 쉽게 만들게 해 줍니다.

하우쌤과 더 생각해 보기

Q 화창한 날에는 비눗방울이 빨리 사라지고, 습기가 많은 날에는 비눗방울이 오래 남습니다. 왜 그럴까요? 가족과 함께 생각해 봅시다.

▲ 화창한 날

▲ 습기가 많은 날

4장

전기와 관련된 놀이를 해 볼까요?

- 13   풍선을 가까이 가져가니 비닐 고리가 공중에 떠요
- 14   테이프를 빨대에 붙였더니 나만의 검전기가 되었어요
- 15   동전을 차곡차곡 쌓으니 동전 배터리가 되었어요
- 16   물에 전기를 흘려보내니 멋진 컬러쇼가 펼쳐져요

13 풍선을 가까이 가져가니 비닐 고리가 공중에 떠요

영상으로 복습해요

| 학습 목표 | 풍선을 가지고 친구와 가족을 놀라게 하고 싶나요? 이번 시간에는 양전하와 음전하를 이용해 비닐 고리를 공중에 띄워 보는 전기 부상 실험을 해 볼 거예요. 간단한 재료로 전하의 원리를 이용해 고리를 공중에 떠오르게 만들 수 있어요. 준비물은 비닐 고리와 약간의 정전기면 충분해요. 함께 신비로운 전기 부상의 세계를 경험해 보세요. |

| 교과 연계 | • 초등학교 5~6학년(전기 안전)
• 중학교(대전, 정전기 유도) |

작업 소요 시간 20분
난이도 ★★★★★

준비물
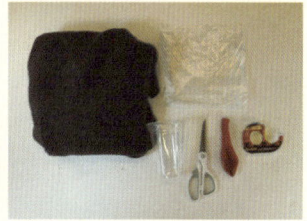

- 풍선 1개
- 크린백 1개
- 투명 PET컵 1개
- 스카치 테이프(일부)

▶ 기본 도구: 먼지털이(털가죽이나 천), 가위

1 단계 쉽고 재미있는 만들기 놀이

① 크린백 비닐의 가장자리 부분을 자릅니다.

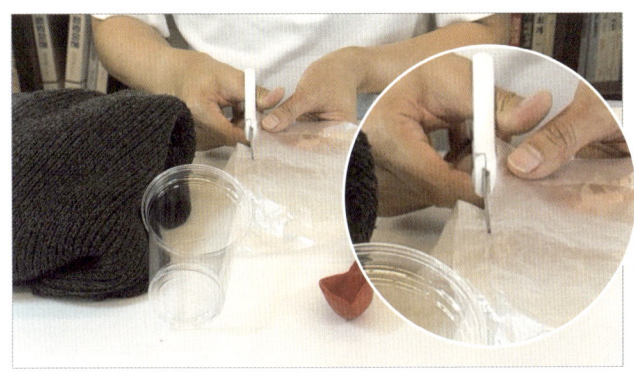

② 그림과 같이 크린백 비닐로 만든 고리를 준비합니다.

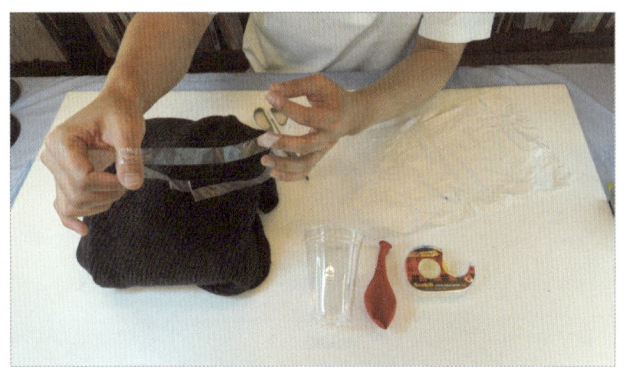

③ 풍선을 그림과 같이 적당한 크기로 불어서 매듭을 짓습니다.

④ 풍선의 가운데에 PET컵을 테이프로 고정시킵니다.

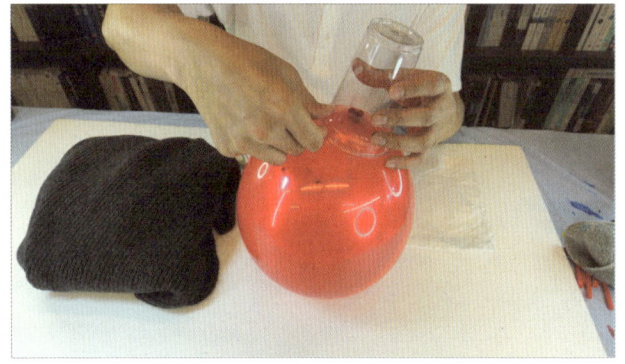

⑤ 크린백으로 만든 고리를 털가죽으로 문지릅니다.

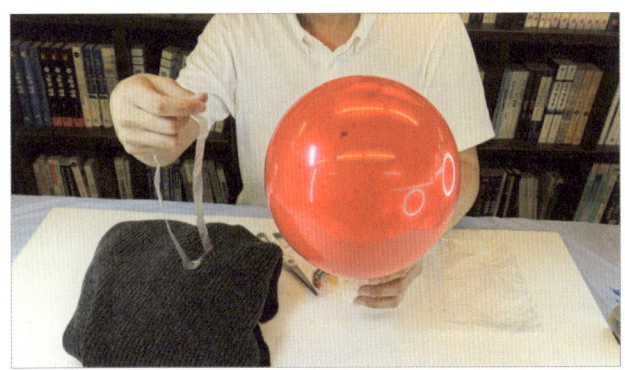

⑥ 털가죽을 풍선에 문지르면 실험 준비가 끝납니다.

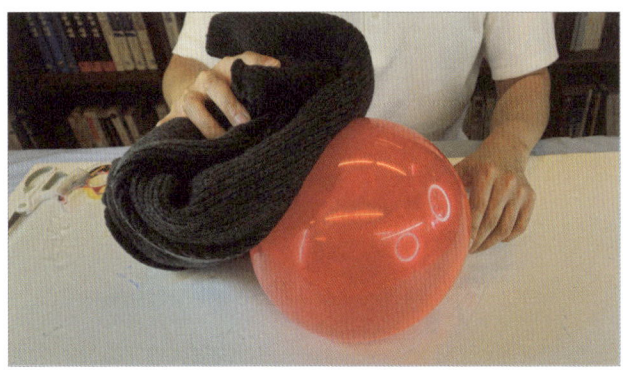

2단계 방구석 과학 실험 놀이

- 털가죽을 문지른 풍선 위에 비닐을 띄우고, 떨어지지 않게 손잡이를 잡고 오래 버텨 보세요. 그림 A
- 털가죽을 문지른 풍선 근처에 파티용 커튼이나, 제기차기 제기의 은박을 두고 어떤 변화가 있는지 살펴보세요. 그림 B
- 공중에 뜬 고리 모양의 매듭이 어떤 모양으로 공중에 떠 있는지 사진으로 찍어 보고 그림으로 그려볼 수 있습니다.

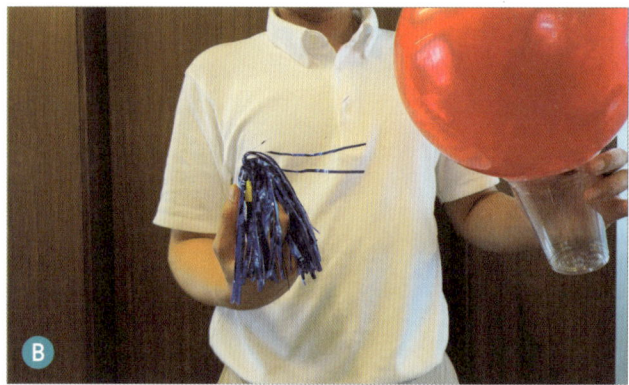

3단계 과학자처럼 탐구하기(프로젝트 활동)

- 플라스틱 컵에 풍선 대신 1회용 은박 냄비를 올려 두고 실험을 해 볼까요? 그림 C
- 파티용 커튼의 금박의 길이나 모양을 다양하게 바꾸어 볼까요? 그림 D
- 털가죽으로 문지른 풍선이나 은박 냄비에 손가락을 대어 보고 어떤 변화가 있는지 실험해 볼까요? 그림 E

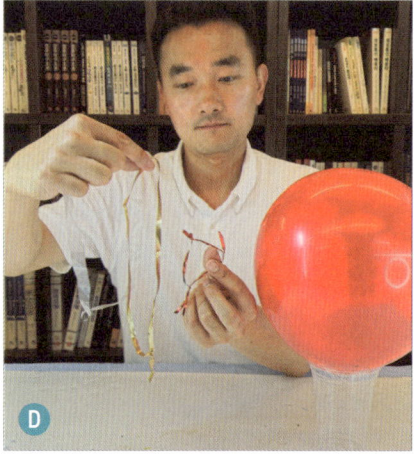

 **이 과학 놀이의 원리는 무엇인가요?**

비닐로 만든 고리를 털가죽으로 문지르면(털가죽은 (+) 전하, 비닐 고리는 (−) 전하를 띤다)

비닐로 만든 고리는 부분끼리 서로 밀어내서 링 모양으로 펴진다

풍선을 털가죽으로 문지르면(털가죽은 (+) 전하, 풍선은 (−) 전하를 띤다)

풍선과 비닐로 만든 고리는 같은 (−) 전하를 띠게 되어 서로 밀어내는 척력이 작용

전자를 잃어 (+) 전하를 띤다　　　　　　　전자를 얻어 (−) 전하를 띤다

 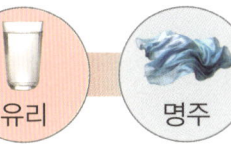  

물건끼리 문지르면 정전기라는 특별한 전기가 생깁니다. 예를 들어, 풍선과 털옷을 문지르면 풍선에 전기가 생깁니다. 이 정전기는 움직이지 않고 한 자리에 머물러 있는 전기입니다. 전기는 두 가지 종류가 있습니다. (+)와 (−) 전하입니다. 같은 전하끼리는 서로 밀어내고, 다른 전하끼리는 서로 끌어당깁니다. (전하: 전기가 얼마나 강한지를 나타내요)

 **하우쌤과 더** 생각해 보기

Q 겨울에 면바지를 입으면 바지가 다리에 착 달라 붙습니다. 그리고 겨울에 문고리를 잡으면 찌릿하고 전기가 통하는 것을 느낍니다. 왜 그럴까요? 가족과 함께 생각해 봅시다.

14 테이프를 빨대에 붙였더니 나만의 검전기가 되었어요

영상으로 복습해요

학습 목표: 정전기를 이용하면 전하를 탐지할 수 있는 기구, 일명 검전기를 만들 수 있어요. 이번 시간에는 빨대와 테이프로 간단한 검전기를 만들어 볼 거예요. 테이프를 표면에 붙였다가 떼어 내면 테이프가 전자를 얻거나 잃게 돼요. 그리고 플라스틱 빗을 이용해 테이프의 전하가 양전하인지 음전하인지 확인할 수 있어요. 함께 정전기의 원리를 탐구해 보고, 전하의 세계를 체험해 보세요.

교과 연계:
- 초등학교 5~6학년(전기 안전)
- 중학교(대전, 정전기 유도)

작업 소요 시간 20분
난이도 ★★★☆☆

준비물

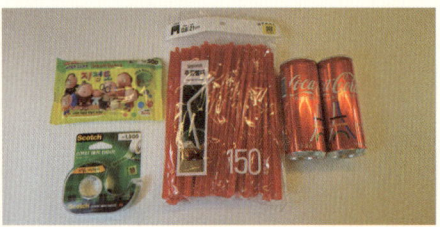

- 지점토 1개
- 주름 빨대 2개
- 매직 테이프 1개

▶ 기본 도구: 빈 캔(2개)

1단계 쉽고 재미있는 만들기 놀이

① 빈 캔 2개, 주름 빨대 2개를 준비합니다.

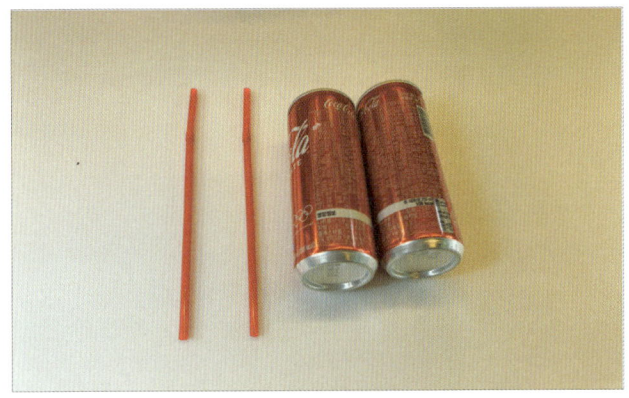

② 빈 캔에 빨대를 꽂고, 연결 부분에 지점토를 채워 넣어서 고정합니다.

③ 나머지 캔 하나에도 지점토를 채워 넣어 고정합니다.

④ 캔에 고정된 빨대 끝을 그림과 같이 수직이 되게 구부립니다.

⑤ 나머지 캔 하나에 고정된 빨대 끝을 구부립니다.

※ 빨대의 끝이 마주 볼 수 있도록 높이를 같게 합니다.

⑥ 물체가 대전(전기를 띠고 있는지)되었는지를 알 수 있는 검전기 2개 완성!

14 테이프를 빨대에 붙였더니 나만의 검전기가 되었어요 **71**

2단계 방구석 과학 실험 놀이

- 길이가 10cm 정도 되는 테이프 두 조각을 떼어 냅니다.
- 테이프 두 조각을 책상에 붙입니다. **그림 A**
- 테이프 한 조각을 떼어 내고, 검전기의 빨대 끝에 붙입니다. **그림 B**
- 나머지 테이프 한 조각을 떼어 내고, 다른 검전기의 빨대 끝에 붙입니다. **그림 C**
- 캔 2개를 움직여 테이프 두 조각이 닿지는 않으면서 겹치게 마주 보게 해서 변화를 관찰합니다. **그림 D**

3단계 과학자처럼 탐구하기(프로젝트 활동)

- 테이프 두 조각을 떼어 내고, 한 조각의 끈적거리는 면을 다른 한 조각의 매끄러운 면에 붙입니다. 두 테이프 조각을 떼어 내서 검전기의 빨대에 각각 붙이고 실험해 볼까요? **그림 E**
- 테이프 두 조각의 끈적거리는 면끼리 붙였다가 떼어 내서 검전기의 빨대에 각각 붙이고 실험해 볼까요? **그림 F**
- 다양한 표면에서 테이프를 떼어 내고 실험을 해 볼까요?
- 테이프 근처에 손가락을 가까이 가져가 볼까요? **그림 G**

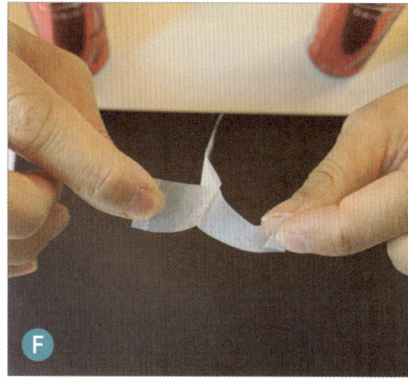

 **4단계** 이 과학 놀이의 원리는 무엇인가요?

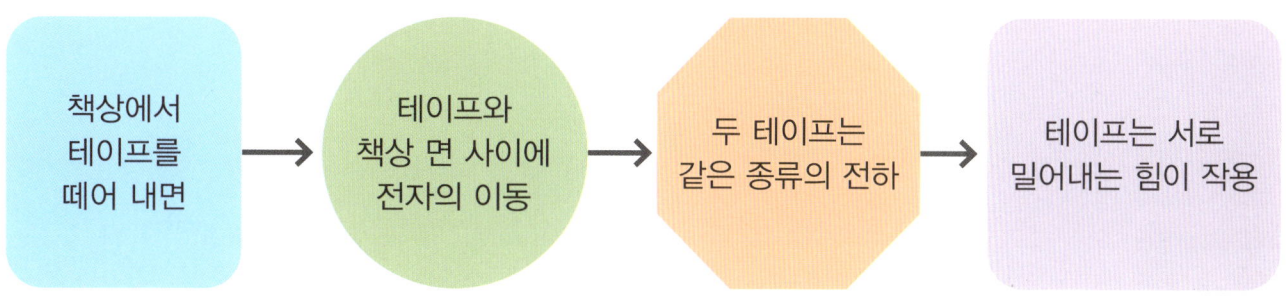

두 장의 테이프를 책상에서 떼어 내면 테이프와 책상 면 사이에 전하(물체가 전기를 띠는 상태)를 향한 줄다리기가 벌어집니다. 테이프는 책상이 무엇으로 만들어졌는지에 따라 책상에서 전자를 일부 가져가거나 남깁니다. 두 테이프는 (+) 전하나 (−) 전하로 같은 종류의 전하를 띠게 됩니다. 같은 종류의 전하로 밀어내기 때문에 테이프 조각들은 서로 밀어냅니다.

한 테이프는 책상과, 다른 한 테이프는 그 테이프와 접촉하면서 서로 반대 극성의 전하가 형성되어 서로 당길 수 있습니다. 그리고 똑같은 두 테이프의 접착면끼리의 접촉은 전하 분리가 거의 없거나 미미하게 발생하여 변화가 거의 눈에 띄지 않습니다.

 **하우쌤과 더** 생각해 보기

Q 빗으로 머리를 빗거나 수건으로 문지른 후에 여러분이 만든 검전기의 테이프에 가까이 가져가 볼까요? 어떤 현상이 일어나나요? 왜 그럴까요? 가족과 함께 생각해 봅시다.

15. 동전을 차곡차곡 쌓으니 동전 배터리가 되었어요

영상으로 복습해요

학습목표
동전을 그냥 사용한다고요? 이제는 동전으로 전기를 만들어 보세요. 이번 시간에는 10원짜리 동전과 신맛 나는 식초를 이용해 저렴한 배터리를 만들어 볼 거예요. 준비물은 간단해요. 동전 몇 개와 알루미늄 호일 그리고 식초만 있으면 돼요. 이 배터리로 LED를 밝히는 특별한 경험을 해 보세요.

교과연계
- 초등학교 5~6학년(전기 회로, 전지의 직렬 연결)
- 중학교(전압, 화학 변화)

작업 소요 시간 40분
난이도 ★★★★

준비물

- 키친호일 1장
- 니트릴 장갑 2개
- 기본 도구: 옛날 10원짜리 동전(9개), 골판지(택배 박스도 가능), 종이컵, 나무젓가락, 식초, 가위, 연필, LED(학교에서 쓰는 LED)

1단계 쉽고 재미있는 만들기 놀이

1 종이컵에 식초를 반 정도 채웁니다.

2 골판지에 10원 동전을 대고 8개의 동전 모양을 연필로 그린 다음 가위로 자릅니다.

3 **2**에서 자른 8개의 골판지를 **1**의 식초에 완전히 담급니다.

※ 가위로 자르기 쉽게 그림과 같이 동전을 나란히 배열해서 그리도록 합니다.

4 키친호일을 잘라낸 다음 그림과 같이 10원짜리 동전을 여덟 번 감싼 다음, 가위로 자릅니다.

※ 흘러내리지 않을 정도로 물기를 닦습니다.

5 장갑을 끼고, 10원짜리 동전을 맨 아래에 두고, 그 위에 '**3**의 골판지 조각' 1장을 올립니다. 그리고 '**4**의 키친호일' 1장을 올립니다. 그 위에 '동전 – 골판지 – 키친호일' 순서로 일곱 번 똑같은 방식으로 번갈아 가며 올립니다(그림 참고).

※ 10원 동전 크기의 키친호일이 8장 만들어 집니다.

6 **5**에서 쌓은 동전탑의 맨 위에 남은 10원짜리 동전 1개를 올리면 완성!

2단계 방구석 과학 실험 놀이

- LED 다리를 그림과 같이 구부려서 준비합니다. 그림 A
- LED의 양끝을 각각 동전탑의 맨 위와 맨 아래에 연결해서 불이 켜지는지 확인합니다. 그림 B
  ※ 어두운 곳이나 불이 꺼진 공간에서 더 쉽게 확인할 수 있습니다.

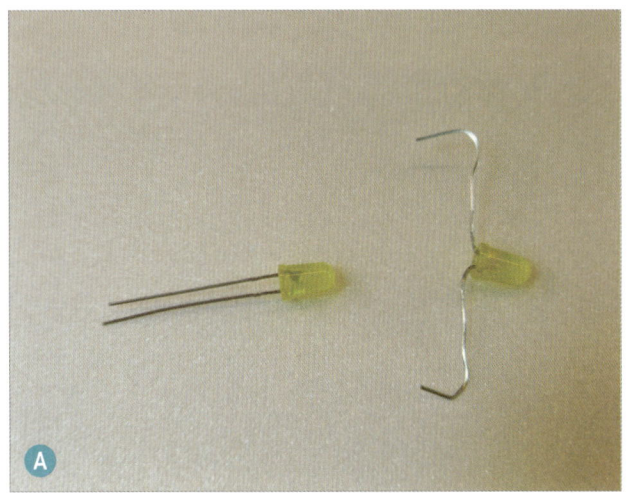

3단계 과학자처럼 탐구하기(프로젝트 활동)

- 동전탑 높이를 다르게 했을 때 LED의 밝기가 어떻게 달라지나요? 그림 C
- LED의 양끝의 방향을 바꾸거나 LED의 종류를 다르게 했을 때 밝기는 어떻게 달라지나요? 그림 D

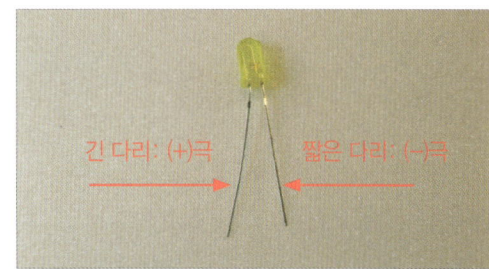
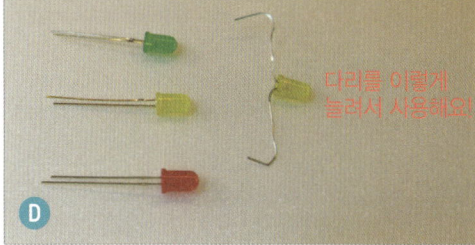

4단계 이 과학 놀이의 원리는 무엇인가요?

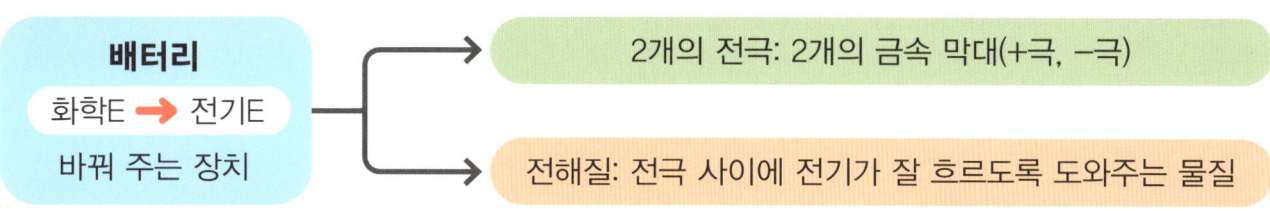

금속의 이온화 경향은 금속 원자가 얼마나 쉽게 전자를 잃고 양이온(+)으로 변하는지를 나타내는 성질입니다. 쉽게 말하면 "얼마나 쉽게 반응할 수 있느냐"로 이해할 수 있습니다.

배터리는 화학 에너지를 전기 에너지로 바꾸는 장치입니다. 배터리 안에는 2개의 다른 금속(이들을 '전극'이라고 부릅니다)과 전해질이라는 특별한 화학 물질이 들어 있습니다. 전해질은 전극 사이에서 화학 반응을 일으키는 역할을 합니다. 이렇게 화학 반응이 일어나면 우리가 사용하는 전기가 만들어집니다. 옛날 10원짜리 동전은 주로 구리나 구리 합금으로 만들어졌고, 키친호일은 알루미늄으로 되어 있습니다. 식초(아세트산 용액)는 약한 산성을 띠며 전해질 역할을 하고, 골판지는 전해질(식초)을 충분히 흡수하고, 동시에 두 금속 사이의 직접적인 접촉(단락)을 막아 줍니다. 알루미늄은 동전(구리 성분)에 비해 비교적 산화되기 쉬운 성질을 가지고 있어 전자를 잃고, 이 과정에서 두 금속 사이에 미세한 전압 차이가 발생합니다.

하우쌤과 더 생각해 보기

Q 동전탑 높이를 높게 하면 LED 빛이 밝아지는 이유를 전지의 직렬, 병렬 연결로 설명해 볼까요? 가족들과 함께 이야기해 보세요.

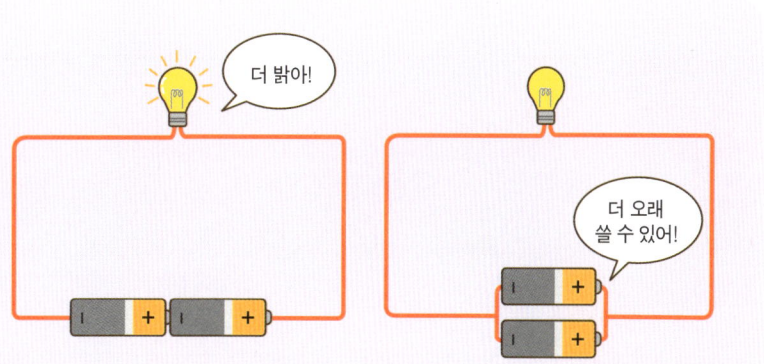

16. 물에 전기를 흘려보내니 멋진 컬러쇼가 펼쳐져요

영상으로 복습해요

학습 목표: 물을 분해해 볼까요? 이번 시간에는 간단한 전기 분해 장치를 사용해 물을 분해하고, 양배추 지시약을 이용해 멋진 색의 변화를 관찰해 볼 거예요. 준비물은 간단해요. 물, 전지, 두 개의 전극 그리고 양배추 지시약과 지점토만 있으면 돼요. 함께 전기 분해의 원리를 탐구하고 화려한 색의 변화를 경험해 보세요.

교과 연계:
- 초등학교 5~6학년(지시약, 산성 용액, 염기성 용액)
- 중학교(화학 반응식)

작업 소요 시간 30분
난이도 ★★★★★

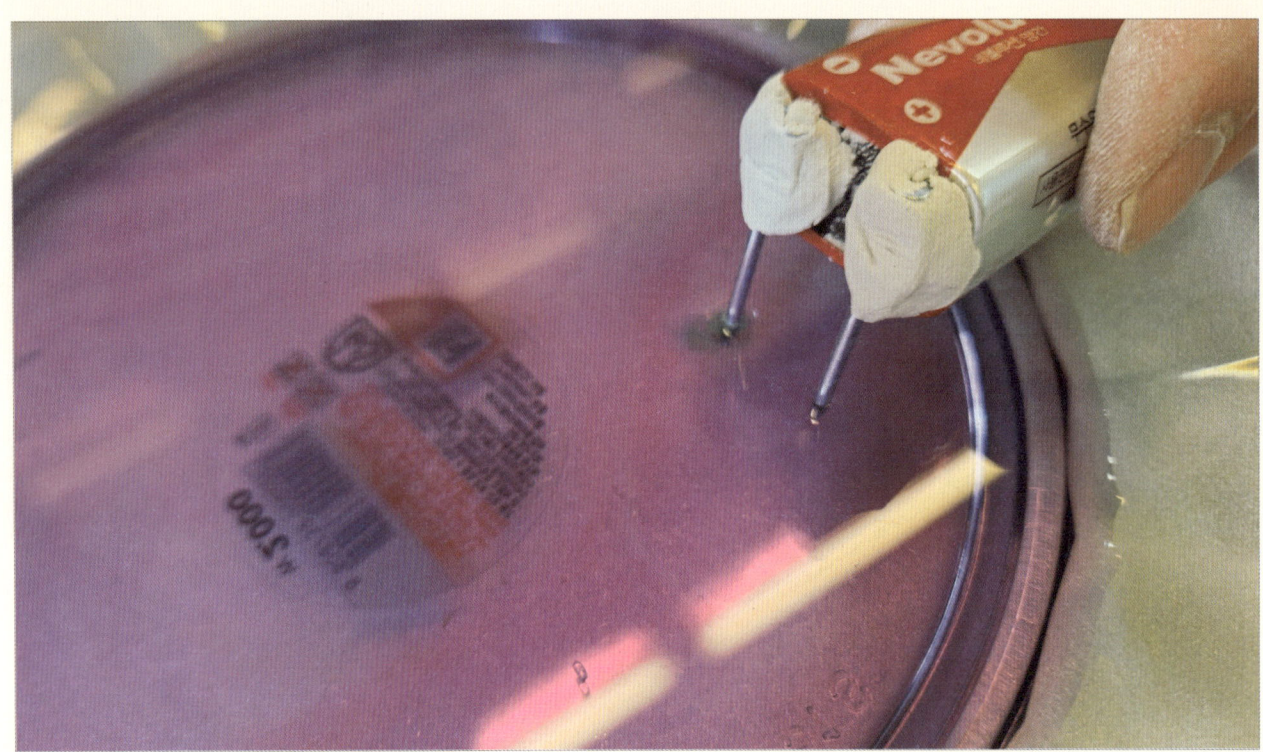

준비물

- 클리어 접시 1개
- 건전지 9V 1개
- 콘크리트 못(또는 철 못) 2개
- 지점토 1개
- 기본 도구: 양배추 지시약(양배추 가루), 앱솜 솔트(입욕제, 일반 소금 아님), 물(깨끗한 정수), 고무줄, 티스푼

1단계 쉽고 재미있는 만들기 놀이

① 그림과 같이 콘크리트 못이 건전지의 (+) 극에 닿도록 놓고 지점토로 고정합니다.

※ 건전지의 극에 콘크리트 못을 놓고 지점토로 고정될 때 아빠와 엄마가 건전지를 잡아 주세요.

② 그림과 같이 콘크리트 못이 건전지의 (−) 극에 닿도록 놓고 지점토로 고정합니다.

⚠ 건전지의 (+)극과 (−)극은 직접 닿지 않도록 주의합니다. 양 극을 고정하는 지점토도 서로 닿지 않게 합니다.

③ 접시에 깨끗한 물을 붓습니다.

④ ③의 접시에 앱솜 솔트를 2티스푼 정도 녹입니다.

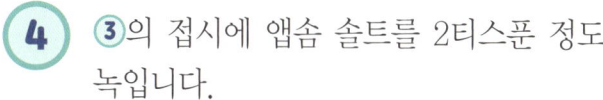

⑤ 양배추 지시약을 그릇에 담긴 물의 색이 변할 정도로 넣습니다.

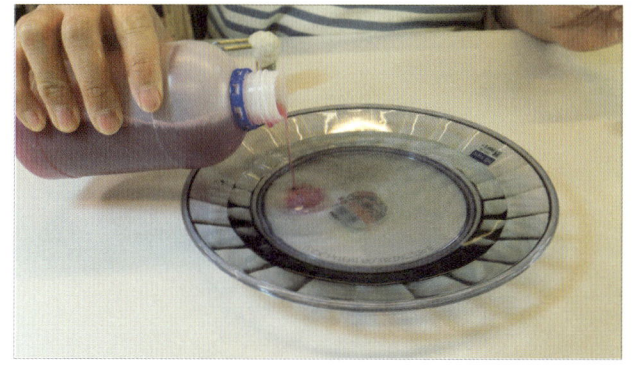

※ 양배추 지시약 만드는 방법: 자주색 양배추를 잘게 썰어서 뜨거운 물에 담가 두었다가 식힙니다.

⑥ 콘크리트 못이 물에 닿도록 접시 가장자리에 담급니다.

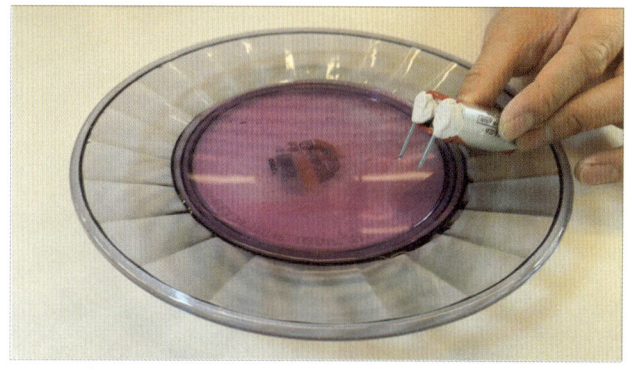

※ 못을 담그기 전에 어떤 변화가 일어날지 미리 예상해서 아빠, 엄마와 이야기 나눠 보세요.

2단계 방구석 과학 실험 놀이

- (+)극과 (−)극에 연결된 콘크리트 못 주변에 생긴 변화를 그림으로 그려 봅시다. 그림 A
- 엄마, 아빠와 함께 숏폼 영상으로 만들어 SNS에 업로드 해 봅시다. 그림 B (@haw086 태그)

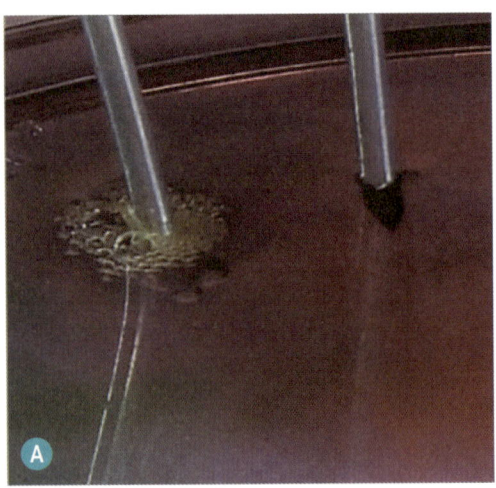

3단계 과학자처럼 탐구하기(프로젝트 활동)

- 못을 건전지에 고정하는 지점토 대신에 '고무줄'이나 '테이프'를 활용해서 실험해 볼까요? 그림 C
  ※ 지점토의 수분 및 이온 함량에 따라 전기 전도성에 영향을 줄 수 있어, 다른 소재로 고정을 해 보며 탐구할 수 있습니다.
- 양배추 대신에 검은콩을 사용하거나, 블루베리 씻은 물로 실험해 볼까요? 그림 D
- 물 대신에 증류수를 활용해서 실험해 볼까요?

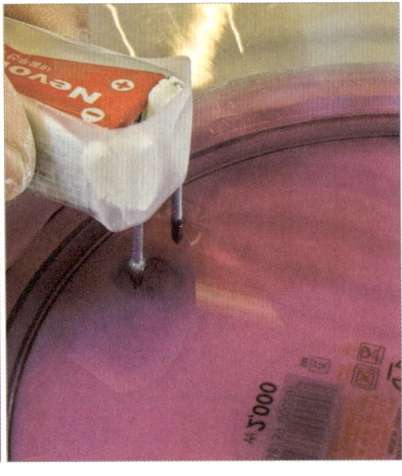

4단계 이 과학 놀이의 원리는 무엇인가요?

양배추 지시약은 양배추에 물을 넣고 양배추의 색소가 충분히 우러나도록 끓인 다음 식힌 후 사용합니다. 산성 용액에 몇 방울 떨어뜨리면 붉은색, 중성이면 보라색, 염기성에서는 초록색이나 노란색으로 변하는 것을 관찰할 수 있습니다. 양배추 지시약은 용액의 성질(염기성과 산성)에 따라 색깔이 변합니다. 그리고 물에 전기를 흘려보내면 (−)극에서 수소가, (+)극에서 산소가 발생합니다. 양배추 지시약이 들어간 용액의 색깔은 (−)극에서 노란색이나 초록색으로, (+)극에서는 붉은색 또는 분홍색으로 변합니다.

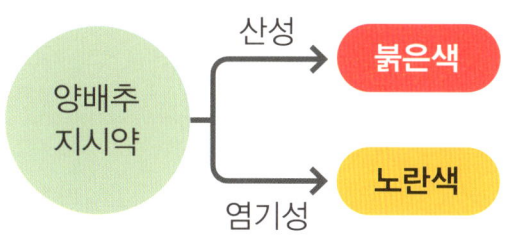

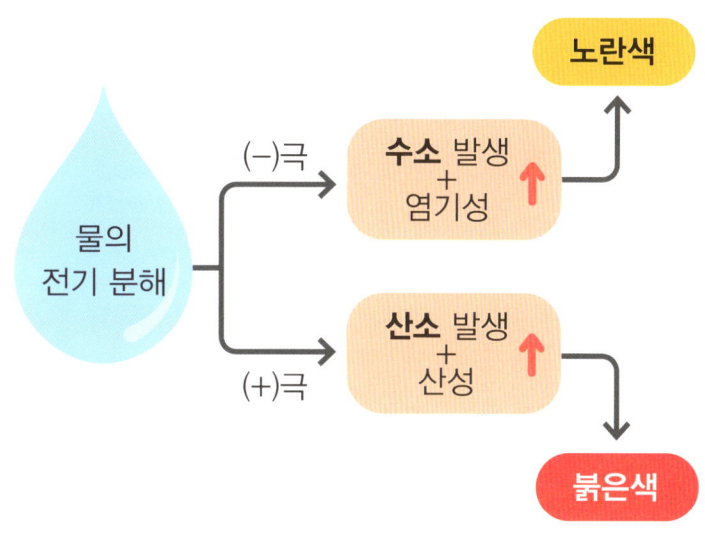

하우쌤과 더 생각해 보기

Q. 이 실험에서 물 속에 소금 대신 앱솜 솔트를 넣어 주는 이유가 무엇일까요? 인터넷에서 조사를 해 보고 가족들과 함께 생각해 보세요. (힌트: 성분은? 발생하는 기체는?)

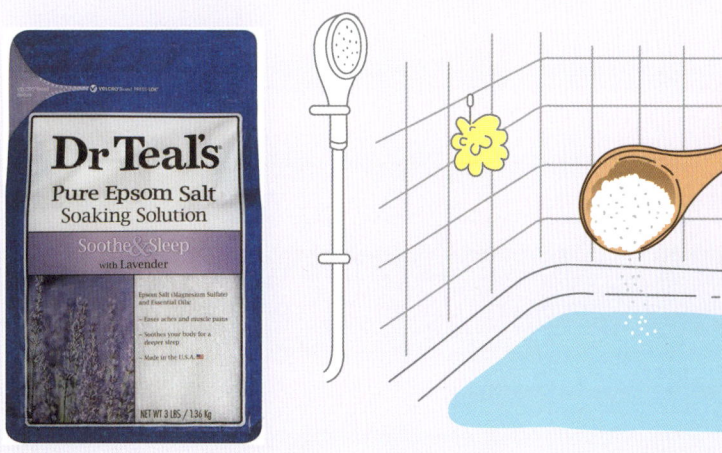

5장

가족, 친구들과 함께하는 놀이를 해 볼까요?

- 17 나무젓가락 손잡이를 힘껏 돌려 보니 스프링클러가 돼요
- 18 빈 페트병과 분무기를 연결하니 물총이 되었어요
- 19 종이컵 비행기를 고무줄로 튕기니 커브볼처럼 날아가요
- 20 다양한 재료가 붙여진 종이 박스로 젠가 놀이를 해 보세요

17. 나무젓가락 손잡이를 힘껏 돌려 보니 스프링클러가 돼요

학습 목표
더운 여름철, 시원한 물놀이를 하고 싶나요? 이번 시간에는 빨대와 나무젓가락을 이용해 간단한 스프링클러를 만들어 볼 거예요. 대야와 약간의 물만 있으면 언제 어디서나 재미있는 물놀이를 즐길 수 있어요. 이렇게 간단하게 만든 스프링클러로 여름을 더욱 시원하게 보내 보세요. 스프링클러가 회전하며 물이 빨려 올라가는 원리로 신나는 물놀이 시간을 가져 봅시다.

교과 연계
- 초등학교 3-4학년(기체의 무게, 지구의 대기)
- 초등학교 5-6학년(고기압과 저기압)
- 중학교(기체의 압력)

작업 소요 시간 40분
난이도 ★★★★★

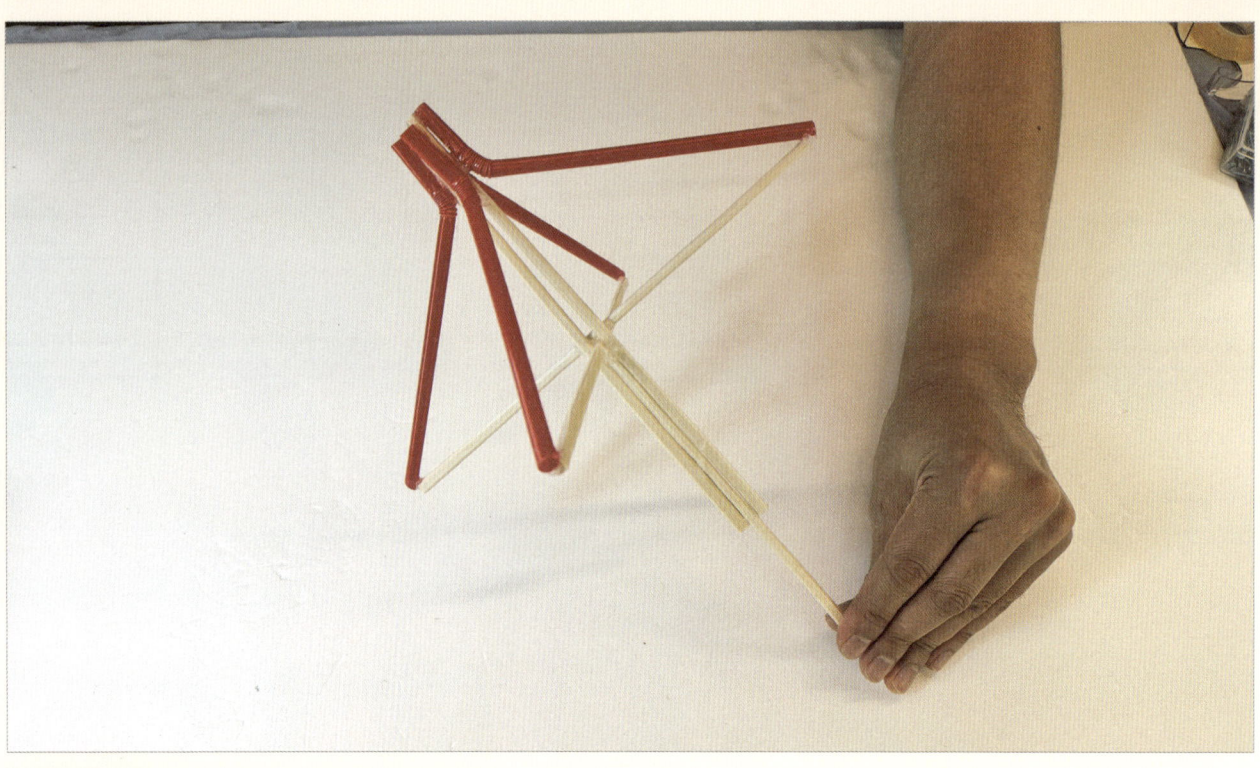

준비물
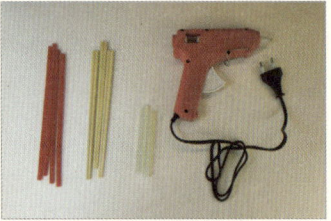
- 주름 빨대 4개
- 나무젓가락 3쌍
- 미니 글루건
- 글루건 심 1개(소량)

▶ 기본 도구: 대야

1단계 쉽고 재미있는 만들기 놀이

① 나무젓가락 3쌍을 낱개 6개로 분리하고, 주름 빨대 4개를 준비합니다.

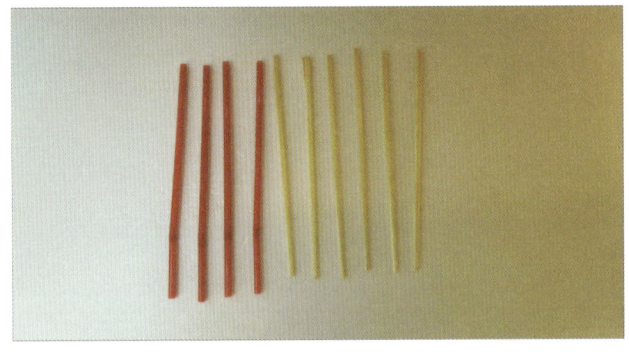

② 나무젓가락 3개를 글루건으로 그림과 같이 조립합니다.

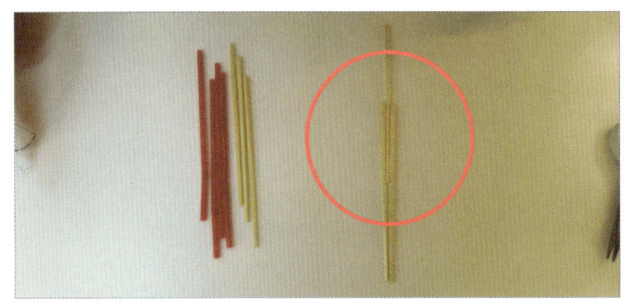

⚠ 글루건 사용 시 안전에 유의하세요.

③ 나무젓가락 낱개 1개를 ②에서 만든 나무젓가락 구조물 사이에 글루건으로 붙입니다.

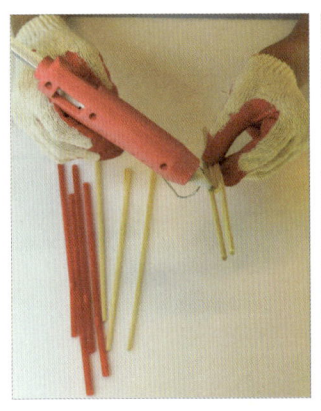 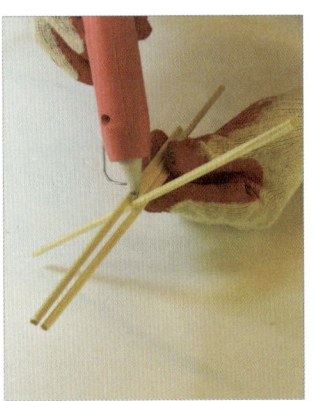

④ 나무젓가락 낱개 1개를 ③에서 만든 나무젓가락 구조물에 글루건으로 붙입니다.

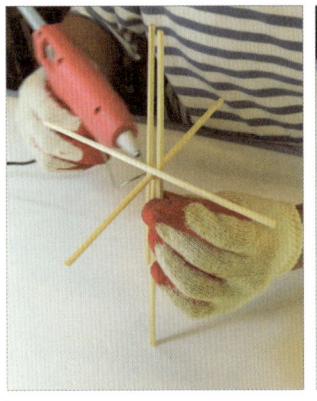 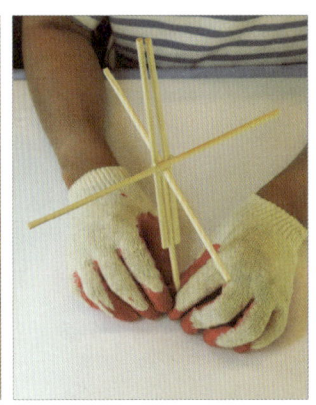

⑤ 빨대의 구부러진 부분이 2cm가 되도록 자릅니다.

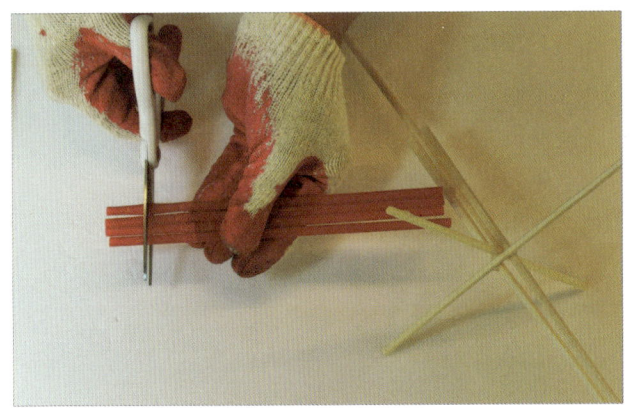

⑥ 빨대들을 그림처럼 나무젓가락에 붙이고, 튀어나온 부분을 자르면 완성!

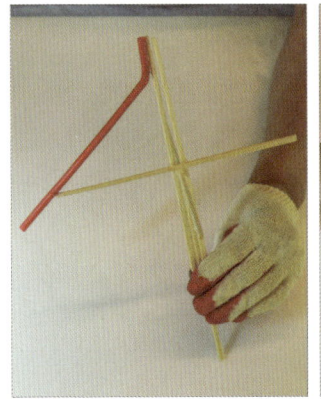 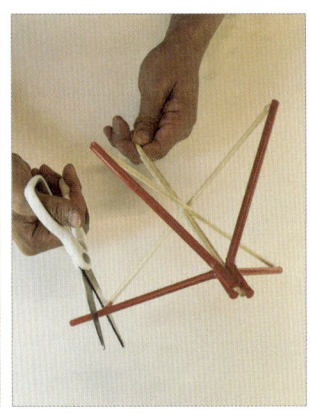

17 나무젓가락 손잡이를 힘껏 돌려 보니 스프링클러가 돼요

2단계 방구석 과학 실험 놀이

- 여름철 운동장에서 대야만 있으면 재미있게 물놀이를 할 수 있어요. 집에 있는 세면대에서도 할 수 있어요.
- 나무젓가락의 끝부분이 대야의 바닥에 닿지 않게 물에 담근 다음 준비해 주세요. 빨대를 물에 잠기게 해서 돌려주면 스프링클러 완성!! 그림 A
- 나무젓가락 손잡이 부분을 두 손 사이에 끼고, 비비며 돌려보세요. 그림 B
- 네 방향의 빨대 끝에서 물이 쭉~쭉~ 한 번에 나오면 성공!

3단계 과학자처럼 탐구하기(프로젝트 활동)

- 물에 닿는 부분의 길이를 다르게 해 볼까요? 그림 C
- 물이 빠져나가는 부분의 길이를 다르게 해 볼까요?
- 빨대와 나무젓가락 사이의 각도를 다르게 해 볼까요? 그림 D

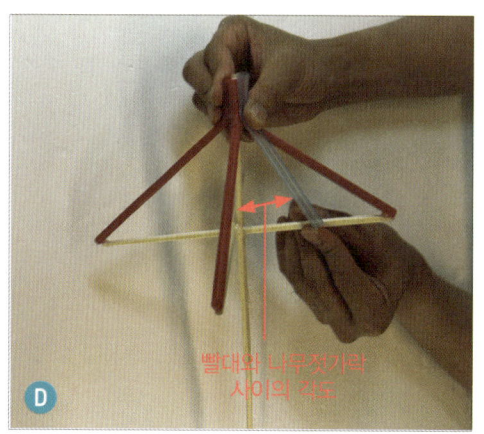

4단계 이 과학 놀이의 원리는 무엇인가요?

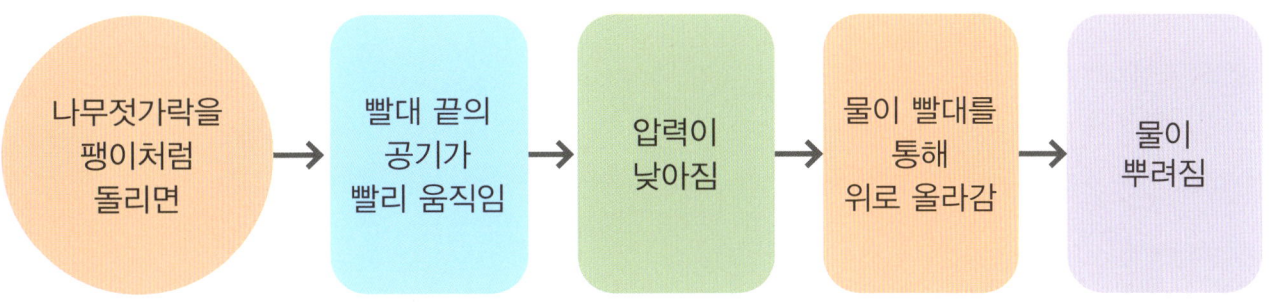

나무젓가락을 팽이처럼 돌리면 → 빨대 끝의 공기가 빨리 움직임 → 압력이 낮아짐 → 물이 빨대를 통해 위로 올라감 → 물이 뿌려짐

베르누이의 원리는 물이나 공기 같은 유체가 빨리 움직일수록 그 주변의 압력이 낮아진다는 원리입니다. 베르누이의 원리에 따르면 빨대의 끝부분에서 공기가 빨리 움직이면서 압력이 낮아집니다. 이에 따라 물이 빨대 아래에서 위로 올라와 뿌려집니다.

하우쌤과 더 생각해 보기

Q. 우리나라의 전통 한옥을 보면 바람길을 '남쪽은 넓게', '북쪽은 좁게' 만들어 두고 있습니다. 왜 그럴까요? 가족들과 함께 생각해 보세요.

18 빈 페트병과 분무기를 연결하니 물총이 되었어요

영상으로 복습해요

학습 목표 분무기를 관찰해 보세요. 간단한 장치지만 물을 멀리까지 쏠 수 있어요. 그렇다면 빈 페트병과 분무기를 이용해 물총을 만들어 보는 건 어떨까요? 이렇게 간단하게 만든 물총으로 친구들과 함께 신나는 물총 놀이를 즐겨보세요! 물과 공기의 압력 원리를 이해하는 재미있는 놀이 시간입니다.

교과 연계
- 초등학교 3~4학년(기체의 무게, 지구의 대기)
- 초등학교 5~6학년(고기압과 저기압)
- 중학교(기체의 압력)

작업 소요 시간 20분
난이도 ★★★★★

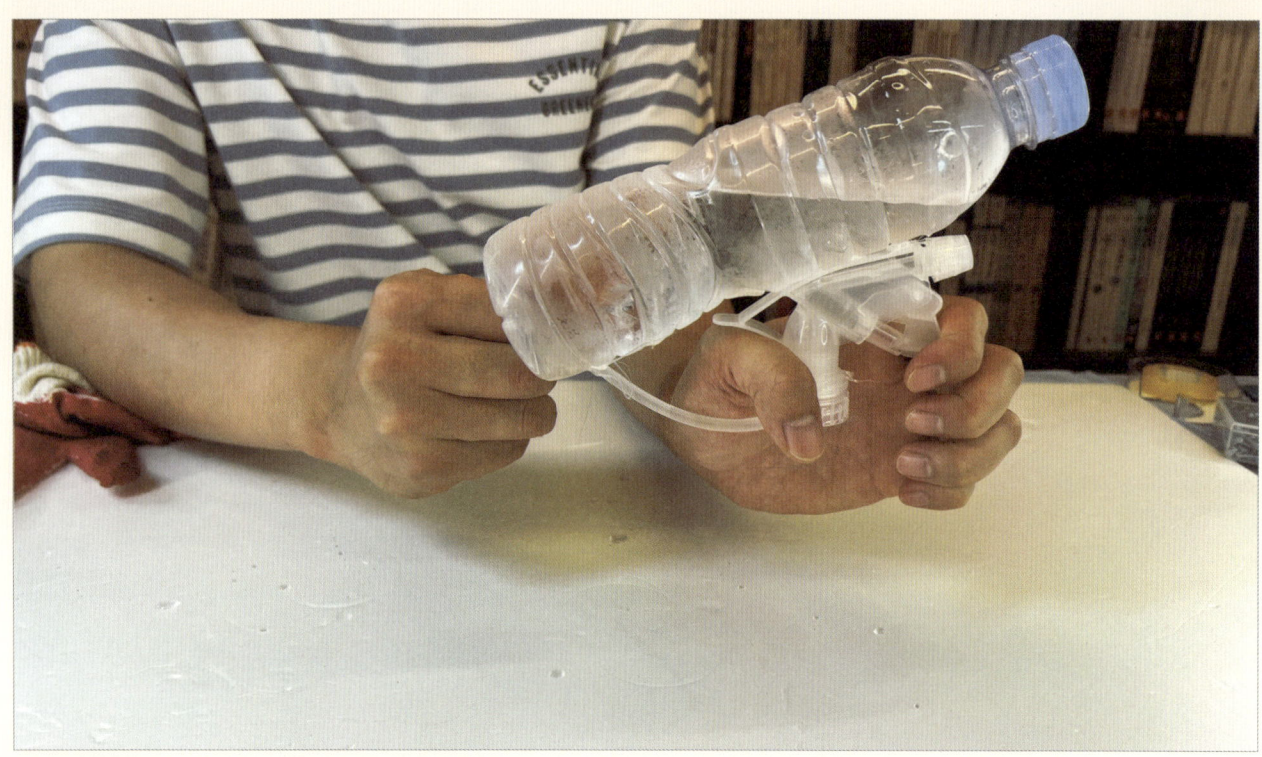

준비물

- 분무기 1개
- 미니 글루건
- 글루건 심 1개
- 푸시핀 1개

▶ 기본 도구: 빈 페트병 500ml 1개

88 천 원으로 시작하는 초등 과학 실험

1단계 쉽고 재미있는 만들기 놀이

① 분무기에서 손잡이가 달려 있는 부분을 분리합니다.

② 뚜껑이 있는 빈 페트병을 준비합니다.

③ 페트병의 옆면에 푸시핀으로 구멍을 뚫습니다.

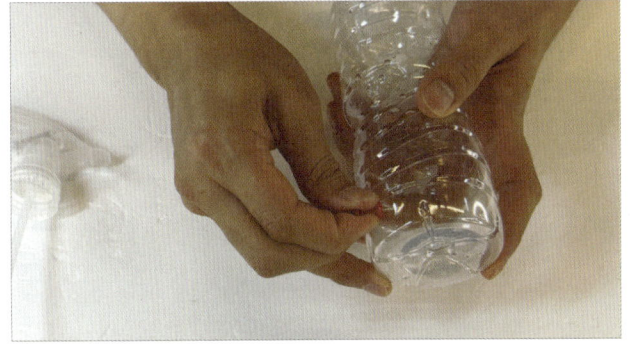

⚠ 분무기의 손잡이에 연결된 호스의 지름보다 크면 안 되고, 푸시핀을 사용할 때 안전에 유의해요.

④ 손잡이의 호스 부분을 ③에서 뚫어 놓은 구멍 안에 넣고 연결 부분을 글루건으로 고정시킵니다.

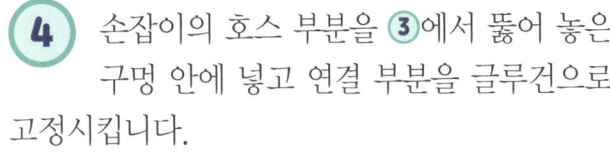
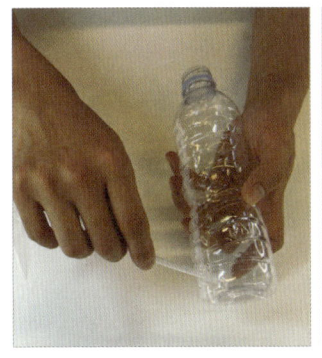
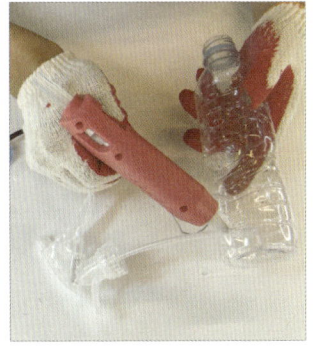

⚠ 글루건의 뜨거운 부분에 화상을 입지 않도록 조심해요.

⑤ 글루건으로 손잡이 부분의 윗부분을 페트병에 고정시킵니다.

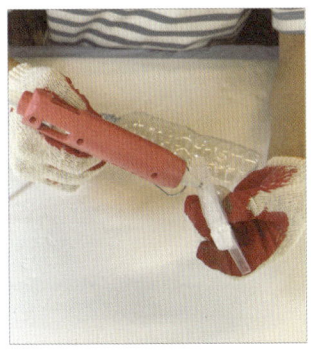
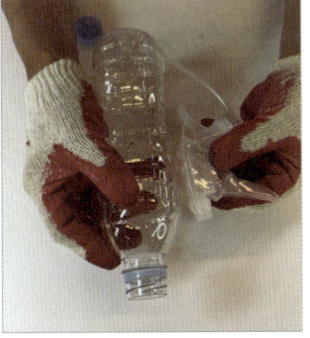

※ 페트병에 바로 열을 가하지 않고, 분무기 손잡이 윗부분에 글루건을 녹인 후 접착해요.

⑥ 페트병의 뚜껑을 열어 물을 채우고 뚜껑을 닫습니다.

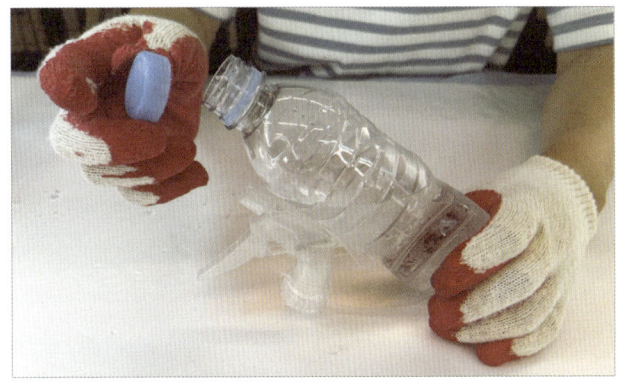

18 빈 페트병과 분무기를 연결하니 물총이 되었어요

2단계 방구석 과학 실험 놀이

- 분무기의 손잡이를 눌러 가며 물총 놀이를 해 봅시다. **그림 A**
- 분무기의 입구를 돌려 가며 물이 나가는 방식을 바꿀 수도 있습니다. **그림 B**

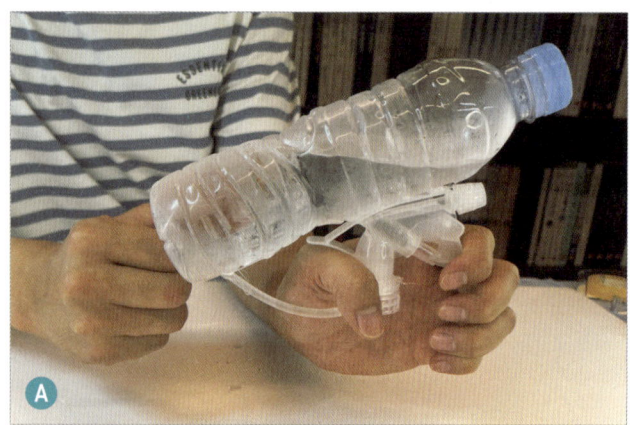

3단계 과학자처럼 탐구하기(프로젝트 활동)

- 손잡이 부분의 호스의 길이나 굵기에 따라 물이 나가는 정도를 비교해 볼까요? **그림 C**
- 페트병의 크기를 다르게 했을 때 물이 나가는 정도를 비교해 볼까요? **그림 D**

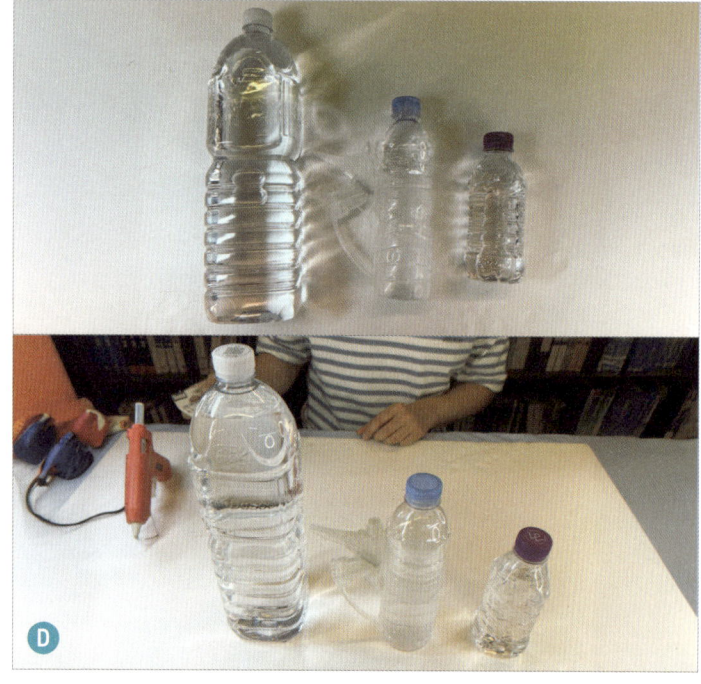

4단계 이 과학 놀이의 원리는 무엇인가요?

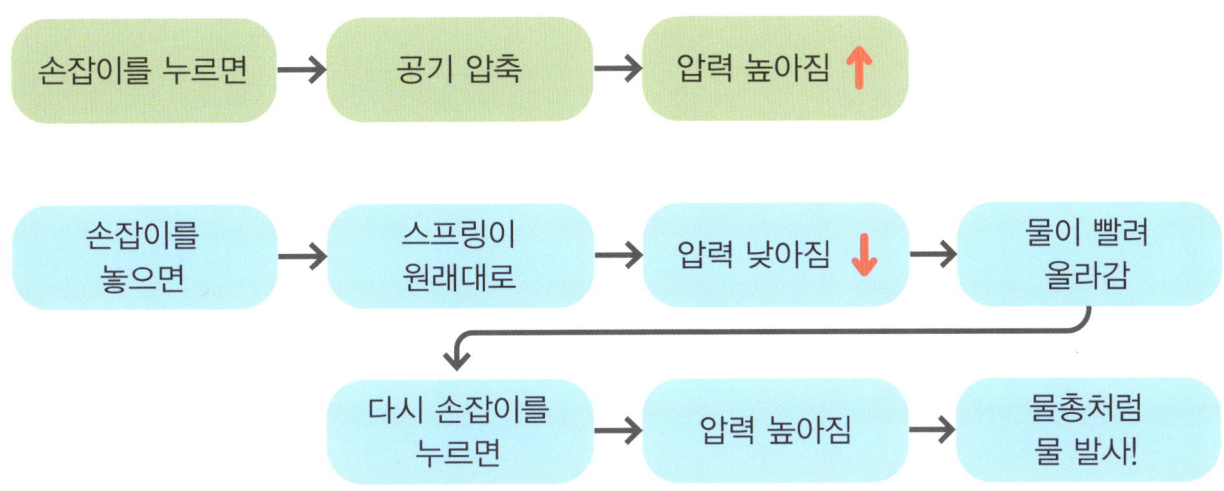

손잡이를 누르면 분무기 안의 공기가 압축되면서 압력이 높아집니다. 손잡이를 놓으면 스프링이 원래대로 돌아오면서 분무기 안의 압력이 낮아지고, 물이 빨려 올라갑니다. 다시 손잡이를 누르면 분무기 안의 압력이 높아져서 물이 구멍을 통해 물총처럼 나갑니다.

하우쌤과 더 생각해 보기

> 이번에는 그림처럼 빨대를 살짝 잘라 굽혀서 분무기를 만들어 볼까요? 공기를 불어 넣어 봅시다. 물이 나가는 원리를 가족과 함께 생각해 보세요.

19. 종이컵 비행기를 고무줄로 팅기니 커브볼처럼 날아가요

영상으로 복습해요

학습 목표
야구 투수가 커브볼을 던지거나, 축구 선수들이 바나나킥으로 공을 곡선으로 날리는 방법이 궁금한가요? 이번 시간에는 고무줄과 컵을 이용해 마그누스 효과를 실험해 볼 거예요. 운동 선수들처럼 훈련을 하지 않아도 돼요. 컵을 고무줄로 발사해 보면 회전하는 힘이 어떻게 비행 방향을 바꾸는지 직접 확인할 수 있어요. 함께 공의 회전과 비행의 과학을 탐구해 보세요.

교과 연계
- 초등학교 3~4학년(기체의 무게, 지구의 대기)
- 초등학교 5~6학년(고기압과 저기압)
- 중학교(기체의 압력)

작업 소요 시간 20분
난이도 ★★★★★

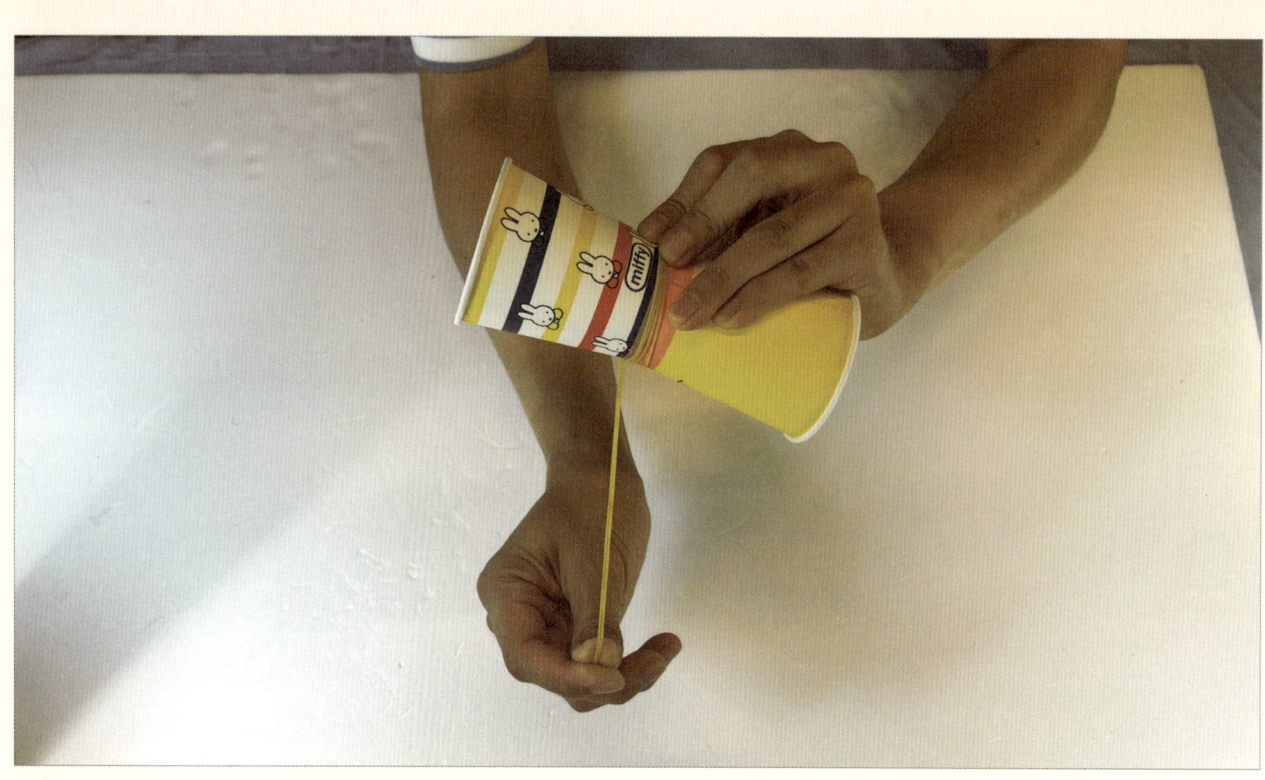

준비물

- 캐릭터 종이컵(210ml) 2개
- 캐릭터 종이컵(360ml) 2개
- 마스킹 테이프 1개
- 고무줄 3개

▶ 기본 도구: 가위

1단계 쉽고 재미있는 만들기 놀이

1 크기가 같은 종이컵을 세워서 마스킹 테이프로 가운데 부분을 붙입니다.

※ 균형을 이룰 수 있게 가운데에 한겹이나 두겹으로 테이프를 붙입니다.

2 종이컵 두 종류를 모두 붙여서 종이컵 비행기 2개를 만듭니다.

3 고무줄 2개를 연결해서 하나로 만듭니다.

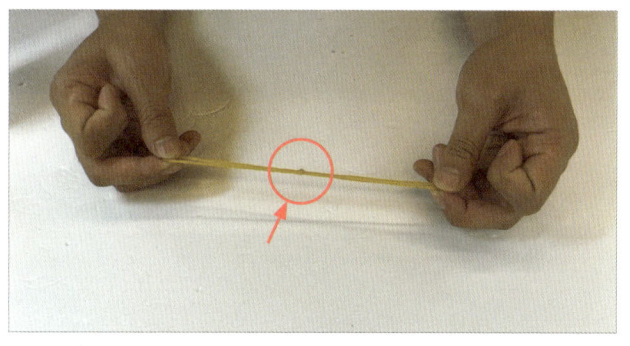

4 연결한 고무줄에 나머지 고무줄 하나를 더 연결합니다.

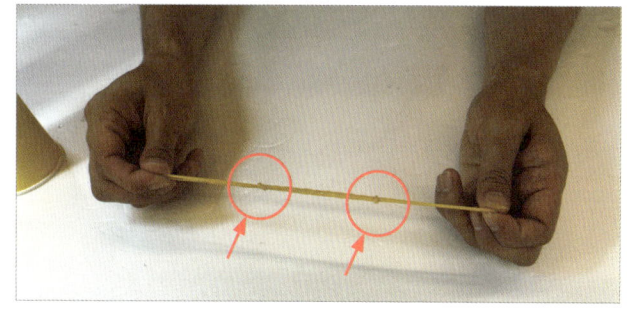

5 종이컵으로 만든 커브볼 비행기 완성!

6 종이컵으로 만든 커브볼 비행기를 여러 가지 방법으로 날려 봅시다.

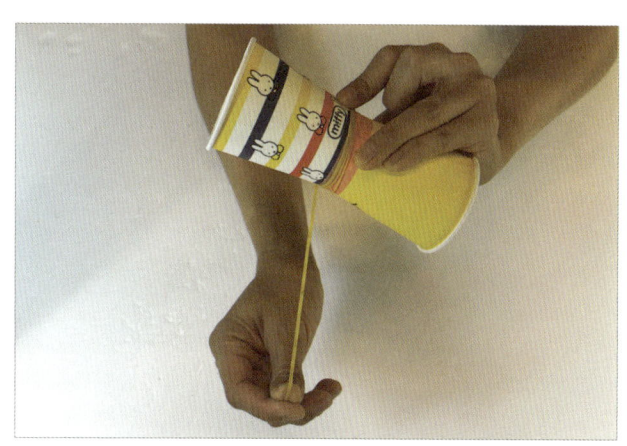

2단계 방구석 과학 실험 놀이

- 고무줄과 종이컵 비행기 만으로 종이컵 비행기를 커브볼처럼 날려 봅시다.
- 아래 그림처럼 왼손으로 종이컵 비행기에 고무줄을 잡고 고정시킵시다. **그림 A**
- 고무줄을 아래 방향으로 2~3바퀴 감은 뒤에 종이컵 비행기를 뒤로 당겨 봅시다. **그림 B**
- 왼손으로 잡고 있던 종이컵 비행기와 고무줄을 함께 놓으면 비행기가 날아갑니다. **그림 C**
- 비행기를 다양한 방향으로 날리는 놀이를 해 봅시다.

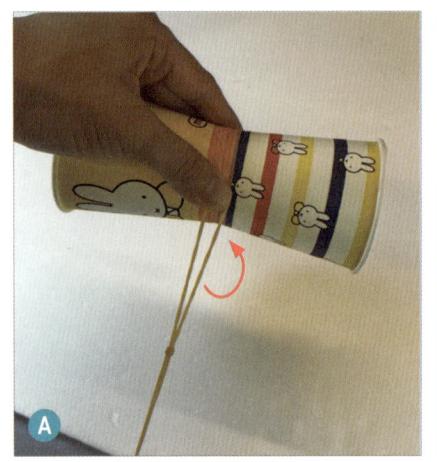 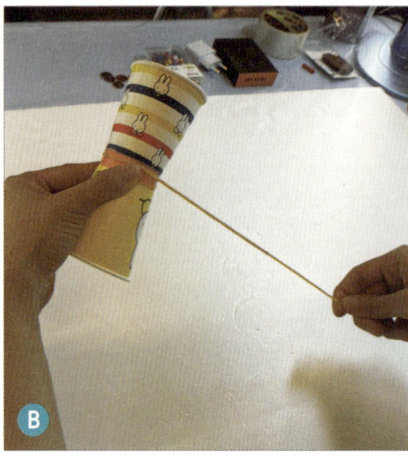 

3단계 과학자처럼 탐구하기(프로젝트 활동)

- 종이컵의 크기를 다르게 하며 종이컵 비행기를 날려 볼까요?
- 고무줄의 길이나 굵기를 다르게 해 볼까요? **그림 D**
- 종이컵의 일부분을 가위로 잘라서 왼쪽 또는 오른쪽으로도 날려 볼까요?
- 종이컵 비행기를 세로로 세워서 날리면 어떻게 날아갈까요? **그림 E**

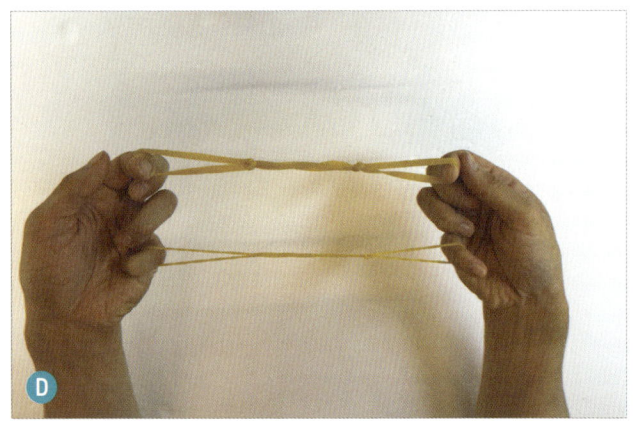 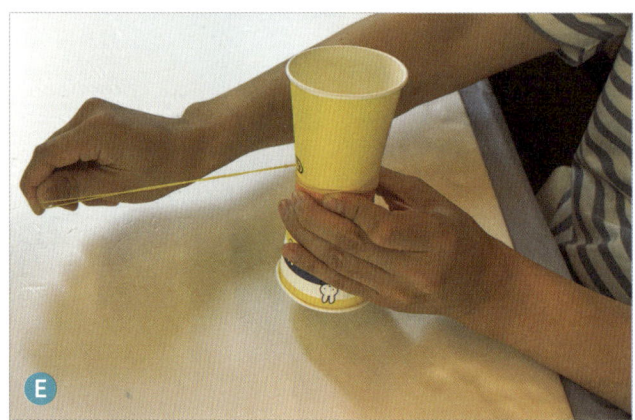

4단계 이 과학 놀이의 원리는 무엇인가요?

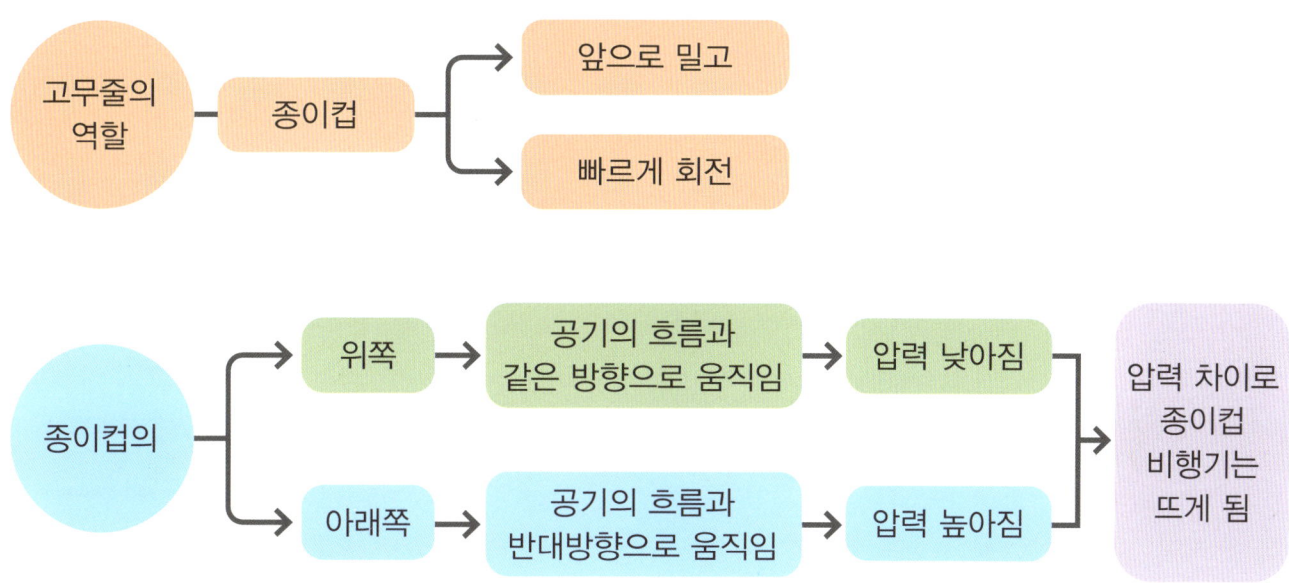

고무줄은 종이컵 비행기를 앞으로 밀어줄 뿐만 아니라 빠르게 회전을 시킵니다. 회전하는 종이컵 주변의 공기의 흐름은 달라집니다. 종이컵의 위쪽은 공기의 흐름과 같은 방향으로 움직이고 빠르게 이동해서 압력이 낮아집니다. 종이컵의 아래쪽은 공기의 흐름과 반대방향으로 움직이면서 압력이 높아집니다. 이 압력 차이로 인해 종이컵 비행기는 압력이 낮은쪽으로 밀리게 됩니다(마그누스 효과).

하우쌤과 더 생각해 보기

Q 손흥민 선수가 오른발로 축구공을 반시계방향으로 회전시키면서 차면 왼쪽으로 휘어들어갑니다. 왜 그럴까요? 가족과 함께 생각해 보세요.

20. 다양한 재료가 붙여진 종이 박스로 젠가 놀이를 해 보세요

영상으로 복습해요

학습 목표
나무 조각으로 젠가 놀이를 해 본 적이 있나요? 이번 시간에는 마찰력을 이용해 종이 박스를 쌓고 빼는 재미있는 놀이를 해 볼 거예요. 종이 박스에 다양한 재료를 붙여 바닥에 두고 밀고 당겨가며, 마찰력의 원리를 직접 확인할 수 있습니다. 다양한 바닥면 재료에 따라 마찰력이 달라지는 현상을 함께 탐구해 보세요.

교과 연계
- 초등학교 3~4학년(밀기와 당기기)
- 중학교(힘, 중력, 마찰력)

작업 소요 시간 30분
난이도 ★★★★★

준비물

- 종이 박스 5개
- 투명 OPP 테이프 1개
- 천사포 #80 1장
- 천사포 #40 1장
- ▶ 기본 도구: 가위, A4용지, 비닐, 도화지 등 박스의 한 면에 붙일 수 있는 다양한 재질의 재료

1단계 쉽고 재미있는 만들기 놀이

1 종이 박스 5개를 조립해서 박스 테이프로 고정합니다.

※ 집에서 사용하는 다양한 크기의 종이 박스를 사용할 수 있어요.

3 종이 박스의 면의 크기(가로 15cm × 세로 15cm)에 맞게 천사포 #80과 #40을 가위로 자릅니다.

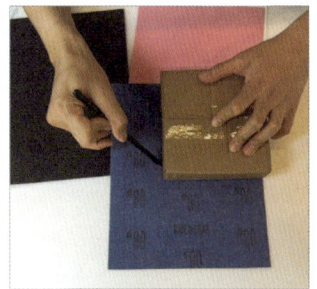 

⚠ 사포를 사용할 때 다치지 않게 주의해요.
※ 종이 박스의 크기에 맞게 연필로 선을 긋고 자르면 쉽게 자를 수 있어요.

5 집에서 종이 박스의 나머지 8개 면에 붙일 수 있는 재료를 준비합니다.

2 종이 박스의 가장 넓은 2개면을 놀이에 활용합니다. 총 5개의 박스라서 총 10개의 면입니다. (5개 × 2개면 = 10개면)

4 ②에서 말한 종이 박스의 총 10개의 면 중 2개의 면을 골라서 사포를 테이프로 붙입니다.

6 준비한 재료를 '③, ④'에서처럼 종이 박스의 8개 면에 테이프로 붙입니다.

2단계 방구석 과학 실험 놀이

- 종이 박스에 재료를 붙인 면을 아래로 해서 바닥에 두고 밀어 봅시다.
- 종이 박스를 서로 비벼 가며 어떤 재료를 바닥으로 했을 때 바닥에서 잘 밀리는지 이야기해 봅시다. **그림 A**
- 5개의 종이 박스를 5층으로 쌓아 봅시다.
- 젠가 놀이를 하듯이 5층 중 2층의 박스만 빼내 봅시다. **그림 B**
- 성공을 했다면 이어서 남은 4층 중 2층의 박스를 빼내 봅시다.
- 이것도 성공을 했다면 남은 3층 중 2층의 박스를 빼내 봅시다. **그림 C**
- 실패를 했다면 5개의 종이 박스의 위·아래 순서를 여러 가지로 바꿔봅시다.
- 같은 방법으로 1층의 박스만, 3층의 박스만 빼내는 놀이를 할 수도 있습니다.

3단계 과학자처럼 탐구하기(프로젝트 활동)

- 종이 박스를 올려 놓은 바닥면을 다르게 하면서 놀이를 해 볼까요?
- 종이 박스를 잘 빼내는 방법은 무엇인가요?
- 종이 박스의 사포면의 입도(#숫자)를 더 크게 하면 무엇이 달라지나요? **그림 D**
- 종이 박스의 무게를 다르게 해 볼까요? **그림 E**

4단계 이 과학 놀이의 원리는 무엇인가요?

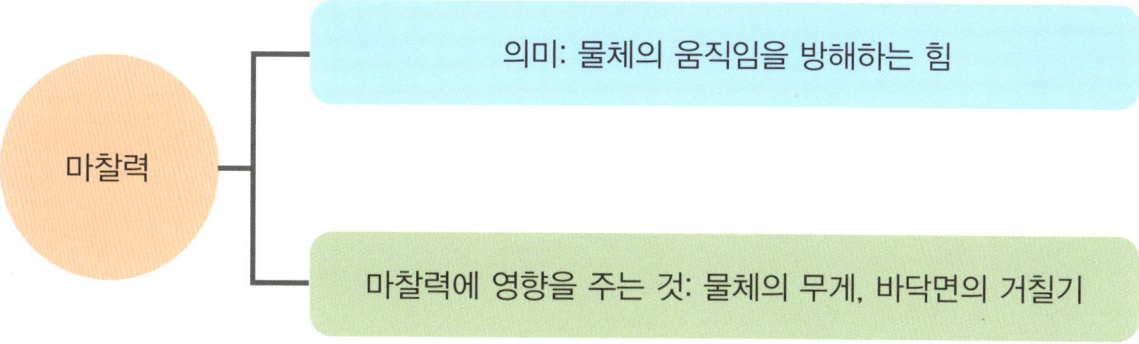

- 마찰력
  - 의미: 물체의 움직임을 방해하는 힘
  - 마찰력에 영향을 주는 것: 물체의 무게, 바닥면의 거칠기

마찰력은 물체가 다른 물체와 접촉할 때 그 접촉면에서 물체의 움직임을 방해하는 힘입니다. 종이 박스를 움직이려면 마찰력을 이겨내야 합니다. 마찰력은 물체의 무게와 바닥면의 거칠기에 따라 변하므로, 이를 생각하며 종이 박스를 쌓으면 박스 젠가 놀이를 더 잘할 수 있습니다.

 하우쌤과 더 생각해 보기

Q 아이스링크장처럼 얼음 위에서는 신발을 신고 달리기 힘들지만, 운동장에서는 잘 달릴 수 있습니다. 왜 그럴까요? 오늘 배운 마찰력을 생각하며 가족과 함께 생각해 봅시다.